Quick Guide

Quick Guides liefern schnell erschließbares, kompaktes und umsetzungsorientiertes Wissen. Leser erhalten mit den Quick Guides verlässliche Fachinformationen, um mitreden, fundiert entscheiden und direkt handeln zu können.

Weitere Bände in der Reihe
http://www.springer.com/series/15709

Hannah Appel

Quick Guide Kryptowerte

Wie eine Einordnung in das Finanzmarktrecht gelingt

Hannah Appel
Frankfurt University of Applied Sciences
Frankfurt am Main, Deutschland

ISSN 2662-9240　　　　　　　ISSN 2662-9259　(electronic)
Quick Guide
ISBN 978-3-658-35152-6　　　ISBN 978-3-658-35153-3　(eBook)
https://doi.org/10.1007/978-3-658-35153-3

Die Deutsche Nationalbibliothek verzeichnet diese Publikation in der Deutschen Nationalbibliografie; detaillierte bibliografische Daten sind im Internet über http://dnb.d-nb.de abrufbar.

© Der/die Herausgeber bzw. der/die Autor(en), exklusiv lizenziert durch Springer Fachmedien Wiesbaden GmbH, ein Teil von Springer Nature 2021
Das Werk einschließlich aller seiner Teile ist urheberrechtlich geschützt. Jede Verwertung, die nicht ausdrücklich vom Urheberrechtsgesetz zugelassen ist, bedarf der vorherigen Zustimmung der Verlage. Das gilt insbesondere für Vervielfältigungen, Bearbeitungen, Übersetzungen, Mikroverfilmungen und die Einspeicherung und Verarbeitung in elektronischen Systemen.
Die Wiedergabe von allgemein beschreibenden Bezeichnungen, Marken, Unternehmensnamen etc. in diesem Werk bedeutet nicht, dass diese frei durch jedermann benutzt werden dürfen. Die Berechtigung zur Benutzung unterliegt, auch ohne gesonderten Hinweis hierzu, den Regeln des Markenrechts. Die Rechte des jeweiligen Zeicheninhabers sind zu beachten.
Der Verlag, die Autoren und die Herausgeber gehen davon aus, dass die Angaben und Informationen in diesem Werk zum Zeitpunkt der Veröffentlichung vollständig und korrekt sind. Weder der Verlag noch die Autoren oder die Herausgeber übernehmen, ausdrücklich oder implizit, Gewähr für den Inhalt des Werkes, etwaige Fehler oder Äußerungen. Der Verlag bleibt im Hinblick auf geografische Zuordnungen und Gebietsbezeichnungen in veröffentlichten Karten und Institutionsadressen neutral.

Planung/Lektorat: Catarina Gomes de Almeida
Springer Gabler ist ein Imprint der eingetragenen Gesellschaft Springer Fachmedien Wiesbaden GmbH und ist ein Teil von Springer Nature.
Die Anschrift der Gesellschaft ist: Abraham-Lincoln-Str. 46, 65189 Wiesbaden, Germany

Vorwort

1,52 Billionen EUR – Diesen Wert repräsentieren aktuell (Stand: 21.03.2021) circa 8900 Kryptowerte.[1] Ein Vergleich mit dem Volumen des weltweiten Aktienmarkts von 79,98 Billionen EUR[2] (Stand: 31.12.2019) zeigt zwar, dass der weltweite Kryptomarkt bei weitem noch nicht das Ausmaß des Aktienmarktes erreicht hat. Das Interesse an Kryptowerten steigt allerdings rasant, was ein Blick auf die Daten des Vorjahres zeigt: Am 29.03.2020 lag die Gesamtmarktkapitalisierung von circa 2500 Kryptowerten bei nur 152,19 Mrd. EUR.[3] Das Marktvolumen hat sich somit innerhalb eines Jahres verzehnfacht. Zudem kann Kryptowerten spätestens seit der milliardenschweren Investition Teslas in die Kryptowährung Bitcoin zu Beginn des Jahres 2021 ein ernst zu nehmendes Interesse des Marktes testiert werden.[4]

Aufgrund der folgenreichen Finanzkrise des Jahres 2008 werden die Finanzmärkte weltweit reguliert. Das steigende Aufkommen

---
[1] CoinMarketCap, 2021.
[2] Statista, 2019.
[3] Gschnaidtner, 2020, § 2 Rn. 17.
[4] Lange/Heiny, 2021.

von Kryptowerten zieht die Frage nach sich, inwiefern diese von dem bestehenden aufsichtsrechtlichen Rechtsrahmen erfasst werden. Vergleichbar mit der Immobilienblase in den Vereinigten Staaten von Amerika, die ursächlich für die Finanzkrise war, bläht sich insbesondere der Markt der Kryptowährungen immer wieder auf.[5] Sofern das Interesse des Marktes an Kryptowerten weiter steigt, könnte das Platzen solcher Blasen bei einer fehlenden beziehungsweise lückenhaften Regulierung von Kryptowerten die Finanzstabilität gefährden. Diese zu gewährleisten ist primäres Ziel des Aufsichtsrechts. Ein weiteres Ziel ist der Schutz der Verbraucher, welcher nur durch Rechtssicherheit geschaffen werden kann. Eine aufsichtsrechtliche Einordnung von Kryptowerten ist demnach von größter Relevanz.

Aufgrund der zahlreichen Ausprägungen von Kryptowerten und ihrer komplexen technologischen Hintergründe stellt eine aufsichtsrechtliche Einordnung in den bestehenden Rechtsrahmen allerdings teilweise eine Herausforderung dar. Hinzu kommt das Zusammenspiel nationaler und europäischer Vorgaben im Finanzmarktrecht. Da die Mitgliedstaaten der Europäischen Union („**EU**") mitunter Spielraum bei der Umsetzung der europäischen Richtlinien haben, kann dies zu einem Auseinanderfallen der aufsichtsrechtlichen Qualifikation von Kryptowerten auf nationaler und europäischer Ebene führen. Deutschland und Liechtenstein haben in diesem Zuge bereits einzelstaatliche Vorschriften zur Regulierung von Kryptowerten verabschiedet, wohingegen die Europäische Kommission bislang nur einen Vorschlag für eine Verordnung über Märkte in Kryptowerte unterbreitet hat.[6] Auf europäischer Ebene werden deshalb derzeit nicht alle Kryptowerte regulatorisch erfasst.

Das vorliegende Buch beschäftigt sich daher mit der aufsichtsrechtlichen Einordnung von Kryptowerten in das Finanzmarktrecht, um Erkenntnisse hinsichtlich eines möglichen weiteren Regulierungsbedarfs zu erlangen. Es wird insbesondere ergründet, ob der bestehende nationale Rechtsrahmen ausreicht, um Kryptowerte angemessen zu regulieren. Ziel ist es, neben der Schaffung eines grundlegenden Ver-

---

[5] CoinMarketCap, 2021.
[6] Deuber/Jahromi, MMR 2020, 576 (576); Siadat, RdF 2021, 12 (12).

ständnisses der Funktionsweise von Kryptowerten, ein umfassendes Gesamtbild ihrer regulatorischen Behandlung in Deutschland zu konstruieren und mögliche Auswirkungen eines europäischen Vorstoßes einzubeziehen. Den Leserinnen und Lesern soll dieses Buch insbesondere als Orientierungshilfe bei Investitionsentscheidungen oder Unternehmensgründungen im Zusammenhang mit Kryptowerten dienen. Zudem kann und soll durch dieses Werk der rechtswissenschaftliche Diskurs über die Regulierung von Kryptowerten angeregt werden.

Hierfür werden die einschlägigen Gesetzestexte und Verwaltungsvorschriften des deutschen Aufsichtsrechts unter Hinzuziehung weiterführender Literatur auf Kryptowerte angewandt.

Das Buch leitet in Kap. 1 mit Basiswissen zu Kryptowerten in die Thematik ein. Darin werden zunächst wichtige Begrifflichkeiten in Bezug auf Kryptowerte und die verschiedenen Ausgestaltungsmöglichkeiten näher erläutert. Es folgt eine Darstellung der einzelnen aufsichtsrechtlich relevantesten Marktakteure in Bezug auf Kryptowerte. Da der Regulierungsbedarf von Finanzprodukten eng mit deren positiven und negativen Potentialen verbunden ist, erfolgt nach einer Einführung in die technischen Grundlagen eine prägnante Skizzierung der wesentlichen Chancen und Risiken von Kryptowerten.

Kapitel 2 des Buches behandelt die Einordnung von Kryptowerten in die verschiedenen Bereiche des Aufsichtsrechts des Finanzmarktes. Da das deutsche Aufsichtsrecht aufgrund der Mitgliedschaft der Bundesrepublik Deutschland in der EU maßgeblich auf den europäischen Vorgaben basiert, werden zunächst die Grundlagen der Europäischen Finanzmarktaufsicht erläutert. Darauf aufbauend werden in den nächsten beiden Abschnitten die verschiedenen Ausprägungen von Kryptowerten in das Kapitalmarkt- und das Bankaufsichtsrecht eingeordnet und die daraus resultierenden Rechtsfolgen skizziert.

Kapitel 3 beschäftigt sich mit den Entwicklungen auf nationaler und europäischer Ebene, wobei ein Schwerpunkt auf das liechtensteinische Gesetz über Token und VT-Dienstleister sowie den europäischen Vorschlag für eine Verordnung über Märkte in Kryptowerte gelegt wird.

Die Gegenüberstellung der verschiedenen regulatorischen Ansätze sowie deren kritische Würdigung erfolgt in Kap. 4, bevor das Werk mit einem Fazit in Kap. 5 abschließt.

Literatur

CoinMarketCap (2021). Gesamtmarktkapitalisierung. https://coinmarketcap.com/charts/. Zugegriffen: 21.03.2021.

Deuber, D. & Jahromi, H. (2020). Liechtensteiner Blockchain-Gesetzgebung: Vorbild für Deutschland? Lösungsansatz für eine zivilrechtliche Behandlung von Token. *MMR*, 576–581.

Gschnaidtner, C. (2020). Die Ökonomik von Kryptotoken. In: Maume, P. et al. (Hrsg). *Rechtshandbuch Kryptowerte* (1. Aufl.). München: C.H. Beck.

Lange, K. & Heiny, L. (2021). Warum Tesla-Chef Elon Musk 1,5 Milliarden Dollar in Bitcoin investiert. *Manager Magazin Online.* https://www.manager-magazin.de/finanzen/boerse/bitcoin-kryptowaehrung-steigt-auf-rekordhoch-nach-tesla-investment-a-48541d55-4ed7-4b62-9201-66ee63b2d93f. Zugegriffen: 21.03.2021.

Siadat, A. (2021). Markets in Crypto Assets Regulation – erster Einblick mit Schwerpunktsetzung auf Finanzinstrumente. RdF, 12–19.

Statista. (2019). Wertentwicklung der weltweit an den Börsen gehandelten Aktien von 1980 bis 2019. https://de.statista.com/statistik/daten/studie/199488/umfrage/wert-des-weltweiten-aktienbestandes-seit-2000/. Zugegriffen: 21.03.2021.

Inhaltsverzeichnis

1	**Basiswissen zu Kryptowerten**	1
1.1	Begriffsabgrenzung	2
1.2	Ausgestaltung von Kryptotoken	4
	1.2.1 Currency Token	4
	1.2.2 Investment Token	6
	1.2.3 Utility Token	7
	1.2.4 Hybride Formen	8
1.3	Technische Grundlagen	8
	1.3.1 Die Distributed-Ledger-Technologie	9
	1.3.2 Die Blockchain	11
1.4	Marktakteure in Bezug auf Kryptowerte	15
	1.4.1 Emittenten	15
	1.4.2 Dienstleister	17
1.5	Chancen und Risiken	21
	1.5.1 Chancen	21
	1.5.2 Risiken	23
Literatur		25

2 Aufsichtsrechtliche Einordnung von Kryptowerten — 31
- 2.1 Grundlagen der Europäischen Finanzmarktaufsicht — 32
- 2.2 Einordnung in das Kapitalmarktrecht — 34
  - 2.2.1 Finanzinstrument im Sinne des WpHG — 34
  - 2.2.2 Rechtsfolgen der Einordnung — 39
- 2.3 Einordnung in das Bankaufsichtsrecht — 41
  - 2.3.1 Finanzinstrument im Sinne des KWG — 41
  - 2.3.2 Rechtsfolgen der Einordnung — 49
- Literatur — 64

3 Entwicklungen auf nationaler und europäischer Ebene — 67
- 3.1 Das liechtensteinische Gesetz über Token und VT-Dienstleister — 68
  - 3.1.1 Gesetzgeberischer Hintergrund — 69
  - 3.1.2 Aufbau und Inhalt — 71
- 3.2 Der Vorschlag für eine Verordnung über Märkte in Kryptowerte — 77
  - 3.2.1 Gesetzgeberischer Hintergrund — 77
  - 3.2.2 Aufbau und Inhalt — 79
- Literatur — 87

4 Gegenüberstellung und kritische Würdigung der regulatorischen Ansätze — 89
- 4.1 Anwendungsbereich — 90
  - 4.1.1 Utility Token — 90
  - 4.1.2 Investment Token — 91
  - 4.1.3 Tokenisierung anderer Rechte — 93
- 4.2 Methodik der Regulierung — 94
- 4.3 Technologieneutralität — 96
- 4.4 Gewählte Regulierungsinstrumente — 97
  - 4.4.1 Standardisiertes Informationsdokument — 97
  - 4.4.2 Zulassungsverfahren — 98
  - 4.4.3 Öffentliches Verzeichnis — 99

4.5	Vernachlässigte Aspekte	100
	4.5.1 Endogene Manipulation des Netzwerks	100
	4.5.2 Anonymität der Netzwerkteilnehmer	101
	4.5.3 Nachhaltigkeit	101
Literatur		102

5 Fazit 105

Abkürzungsverzeichnis

5. GW-RL	Richtlinie (EU) 2018/843 des Europäischen Parlaments und des Rates vom 30. Mai 2018 zur Änderung der Richtlinie (EU) 2015/849 zur Verhinderung der Nutzung des Finanzsystems zum Zwecke der Geldwäsche und der Terrorismusfinanzierung und zur Änderung der Richtlinien 2009/138/EG und 2013/36/EU
AEUV	Vertrag über die Arbeitsweise der Europäischen Union
BaFin	Bundesanstalt für Finanzdienstleistungsaufsicht
BGBl	Bundesgesetzgesetzblatt
BKR	Zeitschrift für Bank- und Kapitalmarktrecht
BT-Drs	Bundestagsdrucksache
BuA	Bericht und Antrag
CR	Computer und Recht – Zeitschrift für die Praxis des Rechts der Informationstechnologie
DBB	Deutsche Bundesbank
DLT	Distributed-Ledger-Technologie
DStR	Deutsches Steuerrecht
EBA	European Banking Authority – Europäische Bankenaufsichtsbehörde

EIOPA	European Insurance and Occupational Pensions Authority – Europäische Aufsichtsbehörde für das Versicherungswesen und die betriebliche Altersversorgung
ErwG	Erwägungsgrund
ESA	European Supervisory Authorities – Europäische Finanzaufsichtsbehörden
ESMA	European Securities and Markets Authority – Europäische Wertpapier- und Marktaufsichtsbehörde
EU	Europäische Union
EU-Prospekt-VO	Verordnung (EU) 2017/1129 des Europäischen Parlaments und des Rates vom 14. Juni 2017 über den Prospekt, der beim öffentlichen Angebot von Wertpapieren oder bei deren Zulassung zum Handel an einem geregelten Markt zu veröffentlichen ist und zur Aufhebung der Richtlinie 2003/71/EG
EUV	Vertrag über die Europäische Union
EuZW	Europäische Zeitschrift für Wirtschaftsrecht
EWR	Europäischer Wirtschaftsraum
FATF	Financial Action Task Force
GwG	Gesetz über das Aufspüren von Gewinnen aus schweren Straftaten – Geldwäschegesetz
GZ	Geschäftszeichen
ICO	Initial Coin Offering
KAGB	Kapitalanlagegesetzbuch
KWG	Gesetz über das Kreditwesen – Kreditwesengesetz
MAR	Verordnung (EU) Nr. 596/2014 des Europäischen Parlaments und des Rates vom 16. April 2014 über Marktmissbrauch (Marktmissbrauchsverordnung) und zur Aufhebung der Richtlinie 2003/6/EG des Europäischen Parlaments und des Rates und der Richtlinien 2003/124/EG, 2003/125/EG und 2004/72/EG der Kommission
MiCAR	Verordnung des Europäischen Parlaments und des Rates über Märkte für Kryptowerte und zur Änderung der Richtlinie (EU) 2019/1937

MiFID		Richtlinie 2004/39/EG des Europäischen Parlaments und des Rates vom 21. April 2004 über Märkte für Finanzinstrumente, zur Änderung der Richtlinie 85/611/EWG und 93/6/EWG des Rates und der Richtlinie 2000/12/EG des Europäischen Parlaments und des Rates und zur Aufhebung der Richtlinie 93/22/EWG des Rates
MiFID II		Richtlinie 2014/65/EU des Europäischen Parlaments und des Rates vom 15. Mai 2014 über Märkte für Finanzinstrumente sowie zur Änderung der Richtlinien 2002/92/EG und 2011/61/EU
MMR		Multimedia und Recht – Zeitschrift für IT-Recht und Recht der Digitalisierung
MTF		Multilateral Trading Facility – Multilaterales Handelssystem
NJW		Neue Juristische Wochenschrift
OTF		Organised Trading Facility – Organisiertes Handelssystem
RdF		Recht der Finanzinstrumente
RL		Richtlinie
TVTG		Gesetz vom 3. Oktober 2019 über Token und VT-Dienstleister – Token- und VT-Dienstleister-Gesetz
VermAnlG		Vermögensanlagegesetz
VO		Verordnung
wbl		Wirtschaftsrechtliche Blätter
WM		Zeitschrift für Wirtschafts- und Bankrecht – Wertpapiermitteilungen
WpHG		Gesetz über den Wertpapierhandel – Wertpapierhandelsgesetz
WpPG		Gesetz über die Erstellung, Billigung und Veröffentlichung des Prospekts, der beim öffentlichen Angebot von Wertpapieren oder bei der Zulassung von Wertpapieren zum Handel an einem organisierten Markt zu veröffentlichen ist – Wertpapierprospektgesetz
ZAG		Gesetz über die Beaufsichtigung von Zahlungsdiensten – Zahlungsdiensteaufsichtsgesetz
ZBB/JBB		Zeitschrift für Bankrecht und Bankwirtschaft/ Journal of Banking Law and Banking
ZHR		Zeitschrift für das gesamte Handelsrecht und Wirtschaftsrecht

1
Basiswissen zu Kryptowerten

> **Was Sie aus diesem Kapitel mitnehmen**
>
> - Es existiert keine allgemeingültige Definition des Begriffs „Kryptowert".
> - Die Begriffe „Kryptowert" und „Kryptotoken" werden zwar häufig synonym verwendet, sind allerdings zwingend zu unterscheiden.
> - Kryptotoken werden aufgrund ihrer vielfältigen Ausgestaltungsmöglichkeiten in der Praxis in drei Hauptkategorien unterteilt.
> - Technische Grundlage für die derzeit bekannten Kryptowerte ist vorwiegend die Distributed-Ledger-Technologie. Deren bedeutendste Ausprägung ist die Blockchain.
> - Am Kryptomarkt tummeln sich verschiedene Marktakteure, die den klassischen Teilnehmern der Finanzmärkte ähneln.
> - Trotz der vielen positiven Potentiale von Kryptowerten dürfen bestehende Risiken nicht außer Acht gelassen werden.

Ein Grundverständnis zu Kryptowerten ist zur Beurteilung ihrer regulatorischen Bedeutung unerlässlich. Aufgrund der Komplexität und Vielschichtigkeit von Kryptowerten erfolgt in diesem Kapitel eine wesentliche Einführung in das Themengebiet.

© Der/die Autor(en), exklusiv lizenziert durch Springer Fachmedien Wiesbaden GmbH, ein Teil von Springer Nature 2021
H. Appel, *Quick Guide Kryptowerte,* Quick Guide,
https://doi.org/10.1007/978-3-658-35153-3_1

1.1 Begriffsabgrenzung

Für den Begriff „Kryptowert" existiert bisher keine allgemeingültige, einheitliche Definition.[1] Zwar hat der deutsche Gesetzgeber im Zuge der Anpassung der geldwäscherechtlichen Vorschriften an die Richtlinie (EU) 2018/843 („**5. GW-RL**") vom 30.05.2018 den Begriff „Kryptowert" in das Kreditwesengesetz („**KWG**") eingeführt. Eine Beleuchtung des Begriffs, losgelöst von seiner aufsichtsrechtlichen Einordnung, erscheint zur Verdeutlichung der Aktualität des Themas dennoch zweckmäßig.

Das erste Gremium, welches eine Definition für Kryptowerte veröffentlichte, war im Oktober 2018 die Financial Action Task Force („**FATF**"), welches neben dem Baseler Ausschuss eines der wichtigsten internationalen Gremien zur Bekämpfung und Verhinderung von Geldwäsche und Terrorismusfinanzierung ist.[2] Die FATF verwendet in ihren Empfehlungen seither den Begriff „Virtual Asset", welcher genau genommen als „virtueller Vermögenswert" und nicht als Kryptowert zu übersetzen ist.[3] Ein Virtual Asset ist demnach eine digitale Darstellung eines Wertes, der digital gehandelt oder übertragen werden kann und zu Zahlungs- oder Investitionszwecken verwendet werden kann. Virtuelle Vermögenswerte umfassen keine digitalen Darstellungen von Fiat-Währungen, Wertpapieren und anderen finanziellen Vermögenswerten, die bereits an anderer Stelle in den FATF-Empfehlungen behandelt werden.[4]

Die Europäische Bankenaufsichtsbehörde („**EBA**") erweitert die Begriffsbestimmung der FATF in ihrem Bericht über Kryptowerte vom 09.01.2021 um das Element der Kryptografie sowie die Art der verwendeten Technologie und schafft dadurch erstmals eine Definition des Begriffs „Crypto Asset".[5] Nach Auffassung der EBA sind Kryptowerte

---

[1] Blassl/Sandner, WM 2020, 1188 (1189).
[2] BaFin, 2020; Zöllner, BKR 2020 117 (120).
[3] FATF, 2019, S. 57.
[4] Übersetzung aus dem Englischen: FATF, 2019, S. 57.
[5] EBA, 2019, S. 1, 10 f.

Vermögenswerte, deren wahrgenommener oder inhärenter Wert in erster Linie von Kryptografie und Distributed-Ledger-Technologie oder einer ähnlichen Technologie abhängt, die weder von einer Zentralbank noch von einer öffentlichen Behörde ausgegeben oder garantiert werden und die als Tauschmittel und/oder zu Anlagezwecken und/oder für den Zugang zu einer Ware oder Dienstleistung verwendet werden können.[6]

Die Europäische Zentralbank beschreibt Kryptowerte hingegen als Oberbegriff einer neuen Erscheinungsform von Vermögenswerten, die aufgrund ihrer kryptographischen Basis nur digital erfasst werden und die keine Verbindlichkeit einer oder keine finanzielle Forderung an eine identifizierbare Rechtseinheit darstellen.[7]

Ähnlich dieser Definition umschreiben Fromberger, Haffke und Zimmermann einen Kryptowert verhältnismäßig simpel als „sämtliche auf der Blockchain-Technologie basierenden Token derselben Art"[8].

Häufig wird der Begriff „Kryptowert" in der Literatur mit dem Begriff „Kryptotoken" gleichgesetzt, was nach eben erläuterter Einordnung sowie aus technischer Sicht nicht präzise genug ist. Ein Kryptotoken ist eine Ansammlung von Daten in einer digitalen Datenbank (der Blockchain), die einen Wert, ein Recht oder einen Anspruch repräsentiert.[9] Ein Token kann nicht dupliziert werden, da er individuell und ausschließlich ist.[10]

Der Unterschied zwischen einem Kryptowert und einem Kryptotoken lässt sich am besten am Beispiel des bekanntesten Kryptowertes, dem Bitcoin, verdeutlichen. Die Gesamtheit aller Bitcoin-Token stellt den Kryptowert Bitcoin dar.[11] Überträgt man dieses Denkmuster auf eine klassische Fiat-Währung wie den Euro, sind alle im Umlauf befindlichen Euro-Münzen und -Scheine sowie das auf Euro lautende

---

[6] EBA, 2019, S. 10 f.
[7] Übersetzung aus dem Englischen: EZB, 2019.
[8] Fromberger/Haffke/Zimmermann, BKR 2019, 377 (377).
[9] John, BKR 2020, 76 (76); Kaulartz, CR 2016, 474 (475).
[10] Maute, 2020, § 4 Rn. 2 ff.
[11] Fromberger/Haffke/Zimmermann, BKR 2019, 377.

Buchgeld mit den Token gleichzusetzen, da sie als Summe den Wert Euro bilden.

1.2 Ausgestaltung von Kryptotoken

Da bei der Ausgestaltung von Kryptotoken Spielraum besteht, haben sich seit der Entwicklung der Kryptowährung Bitcoin weitere Einsatzfelder für Kryptotoken etabliert.[12] Die differenzierte Ausgestaltung spielt für die aufsichtsrechtliche Einordnung von Kryptowerten eine wichtige Rolle. Im Folgenden wird daher eine Einteilung von Token näher erläutert, welche sich in der Literatur und der aufsichtsrechtlichen Praxis herausgebildet hat, aber mangels rechtlicher Fundierung keine universelle Gültigkeit besitzt.[13]

1.2.1 Currency Token

Die erste und bekannteste Gruppe bilden sogenannte „Currency Token", welche auch als „Payment Token" oder „Exchange Token" bezeichnet werden.[14] Grundsätzlich wurden Currency Token, wie die Bitcoin-Token, dazu konzipiert, gesetzliche Zahlungsmittel zu ersetzen.[15] Auch der Name „Currency Token" lässt die Vermutung zu, dass es sich dabei um eine komplementäre Währung handelt. Die Deutsche Bundesbank („**DBB**") stellt in einer ihrer Veröffentlichungen allerdings klar, dass Currency Token die Geldfunktion nur teilweise erfüllen.[16]

---

[12] Fromberger/Zimmermann, 2020, § 1 Rn. 68.
[13] Kleinert/Mayer, EuZW 2019, 857 (858); Schäfer/Eckhold, 2020, § 16a Rn. 30.
[14] Kaulartz/Matzke, NJW 2018, 3278 (3279); Zöllner, BKR 2020, 117 (119).
[15] Nakamoto, 2008, S. 1.
[16] Hierzu und im Folgenden: DBB, 2019a, S. 10 bis 17.

Um als Währung zu gelten, müssten Currency Token drei Funktionen erfüllen: die Tausch- und Zahlungsmittelfunktion, die Recheneinheitsfunktion und die Wertaufbewahrungsfunktion.

Ein Gegenstand der als Zahlungsmittel verwendet werden soll, muss zunächst allgemein akzeptiert sein, sodass er überall zum Erhalt einer wirtschaftlichen Gegenleistung genutzt werden kann. Currency Token erhalten ihren monetären Wert, weil die Marktteilnehmer ihnen diesen Wert aufgrund ihrer Existenz und der allgemeinen Akzeptanz beimessen (*intrinsische Token*).[17] Bisher kann mit Currency Token wie dem Bitcoin, sofern überhaupt, nur auf Online-Plattformen gezahlt werden.[18] Currency Token werden demnach nicht wie klassische Fiat-Währungen, wie dem Euro oder dem US-Dollar, akzeptiert, weshalb sie die Zahlungsmittelfunktion derzeit nicht erfüllen.

Um die Recheneinheitsfunktion zu erfüllen, müsste der Wert von Gütern und Dienstleistungen durch Currency Token bestimmbar sein.[19] Da Currency Token starken Kursschwankungen unterliegen und sich damit ihr Wert immer wieder ändert, werden sie nur selten als Recheneinheit verwendet.[20]

In der Regel haben die staatlichen Zentralbanken die Aufgabe den Wert des Geldes zu sichern und somit die Wertaufbewahrungsfunktion des Geldes zu erfüllen.[21] Currency Token können zwar auch von einer staatlichen Instanz ausgegeben werden, grundsätzlich steht hinter der überwiegenden Mehrzahl an Currency Token aber keine staatliche Zentralbank.[22] Der Wert der Currency Token wird daher nicht wie bei einer klassischen Fiat-Währung durch staatlichen Einfluss reguliert und stabilisiert. Sie unterliegen regelmäßig den allgemeinen Marktschwankungen und sind aufgrund dessen kaum als verlässliches Wertaufbewahrungsmittel verwendbar.

---

[17] Möllenkamp/Shmatenko, 2020, Teil 13.6, Rn. 30.
[18] Bialluch-von Allwörden/von Allwörden, WM 2018, 2118 (2119).
[19] DBB, 2019a, S. 17.
[20] Zöllner, BKR 2020, 117 (119).
[21] DBB, 2019a, S. 11.
[22] Fromberger/Zimmermann 2020, § 1 Rn. 70.

Aufgrund dieser Ausgestaltung werden Currency Token bisher hauptsächlich als spekulatives Anlageinstrument verwendet.[23] Derzeit etablieren sich allerdings sogenannte „Stablecoins", deren Wert zur Stabilisierung mit einem anderen Wert, meist einer Fiat-Währung, verknüpft ist.[24] Kursschwankungen des Coins sollen durch die Abbildung der unterlegten Fiat-Währung vermieden werden.[25]

Bei steigender Akzeptanz in der Bevölkerung und der daraus resultierenden Zunahme der Wertstabilität, ist ein zukünftiger Einsatz als komplementäres, digitales Zahlungsmittel durchaus denkbar.

1.2.2 Investment Token

Eine weitere Ausprägung von Kryptotoken sind sogenannte „Investment Token". Diese Token-Klasse zeichnet sich dadurch aus, dass mit den Token mitgliedschaftliche und/oder vermögensrechtliche Ansprüche verknüpft sind.[26] In der Regel sind Investment Token derart ausgestaltet, dass sie dem Inhaber ein Recht auf eine Beteiligung am Gewinn eines Unternehmens in Form einer Dividende zusichern.[27]

Mit einem Investment Token kann aber auch ein Mitverwaltungs- oder Stimmrecht verbunden sein.[28] Investment Token mit einer solchen Ausgestaltung werden auch „Security Token" genannt.[29]

Die Ausgabe derartiger Token kann somit einerseits der Eigenkapitalbeschaffung dienen. Andererseits kann ein Investment Token ähnlich einer verzinslichen Anleihe ausgestaltet werden, sodass durch deren Emission der Fremdkapitalanteil des Unternehmens erhöht wird.[30]

---

[23] Schäfer/Eckhold, 2020, § 16a Rn. 28.
[24] Houben/Snyers, 2020, S. 34 f.
[25] DBB, 2019b, S. 44.
[26] BaFin, 2019, S. 5.
[27] Hanten/Sacarcelik, RdF 2019, 124 (125).
[28] Schäfer/Eckhold, 2020, § 16a Rn. 30.
[29] Fromberger/Zimmermann, 2020, § 1 Rn. 72.
[30] Bialluch-von Allwörden/von Allwörden, WM 2018, 2118.

Ist der Bezugspunkt des Investment Token das Recht an einem Vermögensgegenstand, wird er als „Asset Token", auch „Asset-backed Token", bezeichnet.[31]

Der Wert des Investment Tokens entsteht nicht wie bei intrinsischen Token durch Angebot und Nachfrage, sondern orientiert sich an einem tatsächlich existierenden Vermögenswert, wie einem Gesellschaftsanteil (*extrinsischer Token*).[32]

1.2.3 Utility Token

Auch die Token der dritten Hauptgruppe, die sogenannten „Utility Token", ziehen ihren Wert aus einem real existierenden Wertgegenstand.[33] Utility Token verkörpern das Recht auf eine Dienstleistung oder ein Wirtschaftsgut und werden daher in der Literatur häufig als „digitale Gutscheine"[34] bezeichnet.

Im Gegensatz zu Investment Token steht den Inhabern von Utility Token kein vermögensmäßiger Anspruch gegenüber dem Emittenten des Tokens zu.[35] Der Anspruch besteht meist in der Nutzung einer digitalen Plattform des Herausgebers.[36] So kann mit einem Utility Token beispielsweise Zugang zu einer Cloud gewährt und Speicherplatz darin zur Verfügung gestellt werden.[37]

Utility Token können von einem Emittenten aber auch ausgegeben werden, um nur bestimmte Nutzer zu einem exklusiven Bereich ihrer Plattform zuzulassen. Ein Beispiel für einen derartigen Anwendungsfall sind die sogenannten In-App-Käufe.[38] Ein In-App-Kauf bezeichnet

---

[31] Fromberger/Zimmermann, 2020, § 1 Rn. 75; Hahn/Wons, 2018, S. 12; Schäfer/Eckhold, 2020, § 16a Rn. 30.
[32] Möllenkamp/Shmatenko, 2020, Teil 13.6, Rn. 31, 46.
[33] Möllenkamp/Shmatenko, 2020, Teil 13.6, Rn. 31.
[34] Fromberger/Haffke/Zimmermann, BKR 2019, 377 (377); Kaulartz/Matzke, NJW 2018, 3278 (3279).
[35] Kleinert/Mayer EuZW 2019, 857 (858).
[36] Schäfer/Eckhold, 2020, § 16a Rn. 29.
[37] Hönig, 2020, S. 34.
[38] Bialluch-von Allwörden/von Allwörden, WM 2018, 2118 (2118).

die Möglichkeit in einer kostenlosen App weitere Funktionen zu einem feststehenden Preis hinzuzukaufen. Dieses Beispiel zeigt, dass Utility Token nicht universell zur Bezahlung genutzt werden können, sondern an eine konkrete Leistung geknüpft sind.[39]

Aufgrund der fehlenden Allgemeingültigkeit ist lediglich ein Handel auf Sekundärmärkten denkbar, sofern eine Nachfrage nach dem Produkt beziehungsweise der Dienstleistung besteht.[40] Utility Token eignen sich daher bislang eher selten als Kapitalanlage.

1.2.4 Hybride Formen

Mangels rechtlicher Grundlage steht es dem Emittenten eines Tokens frei, mit welchen Ansprüchen oder Rechten er diesen verknüpft. Aus diesem Grund existiert in der Praxis neben den soeben erläuterten Ausgestaltungsformen eine Vielzahl an Hybriden.[41] Diese kombinieren Eigenschaften und Elemente der Grundformen, weshalb bei der rechtlichen Einordnung des Tokens im Einzelfall geprüft werden muss, welches Attribut des Tokens den Schwerpunkt bildet.[42]

1.3 Technische Grundlagen

Um die aktuellen aufsichtsrechtlichen Entwicklungen der Regulierung von Kryptowerten richtig einordnen zu können, wird ein Verständnis der dahinterstehenden Technologien benötigt. Die technologische Grundlage von Kryptowerten ist die Distributed-Ledger-Technologie („**DLT**").[43] Im Anschluss an deren Erläuterung wird auf die Blockchain eingegangen, welche die bekannteste und meist genutzte DLT ist.[44]

---

[39] Kaulartz/Matzke, NJW 2018, 3278 (3279).
[40] Bialluch-von Allwörden/von Allwörden, WM 2018, 2118 (2118).
[41] Schäfer/Eckhold, 2020, § 16a Rn. 30.
[42] BaFin, 2019, S. 5.
[43] Bundesministerium der Finanzen, 2019, S. 8 f.
[44] Langenbucher/Hoche/Wentz, 2020, Kap. 11 Rn. 2.

1.3.1 Die Distributed-Ledger-Technologie

„Ledger" bedeutet übersetzt Hauptbuch oder Register. Nach den Grundsätzen ordnungsgemäßer Buchführung sind im Hauptbuch alle Geschäftsvorfälle eines Geschäftsbetriebes eines Kaufmanns vollständig, kontinuierlich, nach bestimmten Kriterien gegliedert und in dauerhafter Form zu dokumentieren.[45] Ein weiteres Beispiel für ein solches Register ist das Grundbuch.[46]

Ein Ledger spiegelt demnach nicht nur den aktuellen Sachstand wider, sondern dokumentiert gleichzeitig die Entstehung des Zustandes und legt dabei den Schwerpunkt auf zuvor festgelegte Informationen. Welche Informationen im Register beziehungsweise im Hauptbuch gespeichert werden, hängt dabei von dem Zweck ab, den die Nutzer des Ledgers durch dessen Gebrauch erreichen wollen. Ein Ledger lässt sich somit generell beschreiben als „eine systematische Datensammlung zur dauerhaften Dokumentation solcher Tatsachen und Umstände, die von ihren Nutzern als (rechtlich) bedeutsam angesehen werden"[47].

Für die Koordination und Kontrolle der Aufzeichnungen im Ledger ist eine Zentralinstanz zuständig.[48] Bevor ein Vorgang im Hauptbuch eingetragen wird, kontrolliert sie zunächst, ob die gewünschte Ausführung legitim ist, und führt bei positivem Ausgang der Prüfung die Eintragung im Ledger durch.[49] Am Beispiel des Grundbuches ist die zentrale Autorität, die die Eintragungen in das Grundbuch nach ordnungsgemäßer Prüfung vornimmt, das Grundbuchamt, welches in der Regel das Amtsgericht des entsprechenden Bezirks ist.[50] So ist beispielsweise auch die Clearingstelle die Zentralinstanz bei der Abwicklung schuldrechtlicher Geschäfte über Wertpapiere, da sie

---

[45] Zwirner/Heyd, 2019, Kap. A Rn. 81.
[46] Pankratz, IT-Governance 2019, S. 5.
[47] Pankratz, IT-Governance 2019, S. 5.
[48] Schlund/Pongratz, DStR 2018, 598 (598).
[49] Pankratz, IT-Governance 2019, S. 5.
[50] Duden Recht A – Z, 2015, S. 303.

jede einzelne Transaktion in einem Zentralverzeichnis verbucht, sie kontrolliert und anschließend genehmigt.[51]

Die Zentralautoritäten verkörpern bei den verschiedenen Transaktionen wichtige Schlüsselfunktionen, weshalb an sie hohe Anforderungen bezüglich der Neutralität, der Vertrauenswürdigkeit und der Unabhängigkeit gestellt werden.[52]

Mit Blick auf dieses Abhängigkeitsverhältnis wurde die DLT entwickelt. Wird diese eingesetzt, wird eine zentrale Kontroll- und Koordinationsinstanz nicht mehr benötigt.[53]

Hierzu wird ein dezentrales Netzwerk von gleichberechtigten Nutzern, ein sogenanntes „Peer-to-Peer-Netzwerk"[54], aufgebaut, deren Computerserver als Knoten fungieren.[55] Auf jedem dieser Server wird eine identische Kopie des Ledgers gespeichert, welche fortlaufend synchronisiert wird.[56]

Die Gleichstellung der Teilnehmer wird durch einen Konsensmechanismus sichergestellt.[57] Möchte ein Nutzer den Ledger um einen Vorgang erweitern, muss er dies den anderen Teilnehmern vorschlagen.[58] Durch ein algorithmisches Verfahren stimmen die anderen Nutzer nun über die Erweiterung ab.[59] Beispiele für solche Verfahren sind *Proof of Work*, *Proof of Stake* oder auch *Proof of Importance*.[60] In jedem dieser Verfahren haben die Knoten ein Rätsel zu lösen, welches je nach Verfahren mehr oder weniger aufwendig ist.[61]

---

[51] Geiling, BaFinJournal 2016, S. 29.
[52] Pankratz, IT-Governance 2019, S. 5.
[53] Geiling, BaFinJournal 2016, S. 29.
[54] Schacht, 2019, S. 13.
[55] Schäfer/Eckhold, 2020, § 16a Rn. 25.
[56] Pankratz, IT-Governance 2019, S. 5.
[57] Subhash/Stadler, wbl 2020, S. 181 (186).
[58] Pankratz, IT-Governance 2019, S. 5.
[59] Pankratz, IT-Governance 2019, S. 5; Schäfer/Eckhold, 2020, § 16a Rn. 24 f.
[60] Schäfer/Eckhold, 2020, § 16a Rn. 25.
[61] Million, 2019, S. 23.

Akzeptieren alle beziehungsweise die Mehrheit der Nutzer den Vorgang, wird der Ledger um die entsprechende Transaktion ergänzt.[62] Die Eintragung erfolgt zum Schutz vor Manipulationen über einen verschlüsselten Datensatz, weshalb sie nach Aufnahme in das Ledger nicht mehr gelöscht oder geändert werden kann.[63]

1.3.2 Die Blockchain

Neben Tangle und Hashgraph ist Blockchain eines der wichtigsten Anwendungsbeispiele der Distributed-Ledger-Technologie.[64] Sie wurde 2008 im Zusammenhang mit der Kryptowährung Bitcoin von dem Pseudonym Satoshi Nakamoto entwickelt.[65] Im Jahr 2017 lag das Marktvolumen der Blockchain-Industrie bei einem Wert von 708 Mio. US Dollar.[66] Da die Blockchain aktuell die Basis für die meisten Transaktionen mit Kryptowerten ist, wird im Folgenden nur auf diese Ausprägung der DLT eingegangen.

Haupteinsatzfeld der Blockchain sind Transaktionen von virtuellen Werteinheiten, welche nur zwischen den Teilnehmern des jeweiligen Netzwerkes durchgeführt werden können.[67]

Die Technologie erhielt ihren Namen aufgrund der Art und Weise wie die Daten der Transaktionen im Ledger erfasst werden.[68] Die relevanten Informationen werden in Blöcken zusammengefasst und durch Verweis auf den vorherigen Block untrennbar miteinander verkettet.[69] Ein solcher Block besteht aus einem Header und einem Trans-

---

[62] Langenbucher/Hoche/Wentz, 2020, Kap. 11 Rn. 1; Langer, 2019, S. 243.
[63] Subhash/Stadler, wbl 2020, S. 181 (186).
[64] Schacht, 2019, S. 6.
[65] Fromberger/Zimmermann, 2020, § 1 Rn. 3.
[66] Schacht, 2019, S. 13 f.
[67] Fromberger/Zimmermann, 2020, § 1 Rn. 4.
[68] Million, 2019, S. 14.
[69] Schäfer/Eckhold, 2020, § 16a Rn. 24.

aktionsbündel, welches eine vom Entwickler der Blockchain festgelegte Anzahl an über die Blockchain getätigten Transaktionen enthält.[70]

Der Header hat wiederum mehrere Bestandteile, welche je nach verwendeten Konsensmechanismus variieren.[71] Die erste Blockchain, die das Pseudonym Satoshi Nakamoto in dem Whitepaper des Bitcoins beschreibt, basiert auf dem Konsensmechanismus *Proof-of-Work*.[72]

Der Header eines Blocks enthält die *Versionsnummer der Blockchain*, den *Hash des vorherigen Blocks*, einen *Zeitstempel*, die *Difficulty*, den *Hash des aktuellen Blocks* und eine *Nonce*.[73] Wichtigster Bestandteil dabei sind die beiden *Hash-Werte*.[74] Ein Hash ist ein alphanummerischer Wert, der mittels einer mathematischen Funktion (sogenannte „Hash-Funktion" oder „Streuwert-Funktion") und der Bildung von Datenstrukturen (sogenannten „Merkle-Bäumen" beziehungsweise „Hash-Bäumen") aus den Daten des Headers und aller sich im Block befindlichen Transaktionen erstellt wird.[75] Durch die Einbeziehung der Vielzahl an transaktionsspezifischen Daten sorgt der Hash-Wert dafür, dass jeder Block einzigartig ist, weshalb er regelmäßig als „Fingerabdruck"[76] bezeichnet wird. Da in jedem Block neben dem eigenen Hash-Wert auch der Hash-Wert des vorherigen Blocks gespeichert ist, entsteht eine kryptographische Verkettung, welche die Blockchain vor Manipulationen schützt.[77]

Der *Zeitstempel* des Blocks dient zum einen der Aufzeichnung des Zeitpunkts, wann die Transaktion im Ledger eingetragen wurde[78],

---

[70] Fromberger/Zimmermann, 2020, § 1 Rn. 13.
[71] Million, 2019, S. 27 f.
[72] Nakamoto, 2008, S. 1.
[73] Nakamoto, 2008, S. 2 f; Schacht, 2019, S. 40.
[74] Fromberger/Zimmermann, 2020, § 1 Rn. 14.
[75] Fill/Härer/Meier, 2020, S. 5, 8,10.
[76] Kaulartz, CR 2016, 474 (475); Schacht, 2019, S. 9; Schrey/Thalhofer, NJW 2017, 1431 (1432).
[77] Nakamoto, 2008, S. 2.
[78] Schacht, 2019, S. 39.

und zum anderen dem Nachweis, dass die Daten zu diesem Zeitpunkt existiert haben[79].

Die *Difficulty* und die *Nonce* sind die Proof-of-Work-spezifischen Bestandteile des Headers. Beim Proof-of-Work müssen die Teilnehmer des Netzwerks zur Validierung der im Block enthaltenen Transaktionen ein kryptographisches Rätsel in Form einer Hash-Funktion lösen, wozu die Nonce benötigt wird.[80] Die Nonce ist eine beliebige Zahl, die in einer zuvor abgegrenzten Wertemenge liegt.[81] Durch Einsetzen der Nonce in die Hash-Funktion muss ein Hash-Wert erzielt werden, der mit einer bestimmten Anzahl an Nullen beginnt.[82] Da es bei Hash-Funktionen, die bei Blockchains zum Einsatz kommen, praktisch ausgeschlossen ist aus dem Ergebnis der Funktion auf den Eingabewert zu schließen, kann die Nonce nur durch Ausprobieren herausgefunden werden (*Trial-and-Error-Verfahren*).[83] Die Difficulty des Blocks spiegelt den Schwierigkeitsgrad dieses kryptographischen Rätsels wider.[84]

Aufgrund des Trial-and-Error-Verfahrens benötigen die Teilnehmer des Netzwerks eine hohe Rechenleistung, um das kryptographische Rätsel lösen zu können, weshalb zumeist nicht alle Knoten an der Validierung von Transaktionen teilnehmen.[85] Die Nutzer, die an der Blockerstellung teilnehmen, werden als „Miner" bezeichnet, der Gesamtprozess der Blockerstellung, also das Zusammenfassen von Transaktionen zu Blöcken und deren Validierung, als „Mining".[86]

Die Transaktionen, die im Transaktionsbündel enthalten sind, beziehen sich bei den meisten Blockchains auf Token.[87] Bei der Transaktion eines Tokens wird die Datenmenge, für die der Token steht, nicht wie bei einer klassischen Überweisung an den Empfänger über-

---

[79] Nakamoto, 2008, S. 2.
[80] Nakamoto, 2008, S. 3.
[81] Fill/Härer, 2020, S. 323 f.
[82] Nakamoto, 2008, S. 3.
[83] Pankratz, IT-Governance 2019, S. 5 f; Rosenberger, 2018, S. 67.
[84] Schacht, 2019, S. 20.
[85] Pankratz, IT-Governance 2019, S. 6.
[86] Fromberger/Zimmermann, 2020, § 1 Rn. 37.
[87] Fromberger/Zimmermann, 2020, § 1 Rn. 15.

mittelt, sondern lediglich dem Empfänger über die Blockchain zugeordnet.[88] Es handelt sich dabei also nicht um die physische Bewegung von Daten, sondern um die Änderung der Herrschaftsverhältnisse über den Datenbankeintrag.[89]

Die Änderung der Zuordnungsverhältnisse auf der Blockchain erfolgt durch einen weiteren kryptographischen Mechanismus, das sogenannte „*Public-/Private-Key-Konzept*".[90] Dies ist ein Verfahren der asymmetrischen Kryptographie, welches zur Ver- und Entschlüsselung von Daten ein Schlüsselpaar verwendet.[91] Mit dem öffentlichen Schlüssel werden bei diesem Verfahren, ebenfalls durch die Verwendung von Hash-Funktionen, Informationen derartig chiffriert, dass sie nur mit dem entsprechenden privaten Schlüssel entschlüsselt werden können.[92]

Jedem Netzwerkteilnehmer stehen sowohl ein privater als auch ein öffentlicher Schlüssel zur Verfügung.[93] Den privaten Schlüssel kann ein Teilnehmer zur Entschlüsselung von Transaktionen verwenden, in denen er Empfänger des Tokens ist.[94] Ist der Nutzer Übersender des Tokens, nutzt er den privaten Schlüssel zur digitalen Signatur der Transaktionsnachricht.[95] Der öffentliche Schlüssel ist hingegen „eine Adresse innerhalb der Blockchain, der Token zugeordnet werden können"[96] und ist somit in seiner Funktion mit einer klassischen Kontonummer vergleichbar[97].

Möchte ein Netzwerkteilnehmer eine Transaktion durchführen, benötigt er für die Transaktionsnachricht also den öffentlichen Schlüssel des Empfängers. Die öffentlichen Schlüssel werden deshalb, zumeist

---

[88] Fromberger/Zimmermann, 2020, § 1 Rn. 15, 19.
[89] Kaulartz/Matzke, NJW 2018, 3278 (3278).
[90] Fromberger/Zimmermann, 2020, § 1 Rn. 15.
[91] Pankratz, IT-Governance 2019, S. 6.
[92] Schacht, 2019, S. 9 f.
[93] Schacht, 2019, S. 10.
[94] Kaulartz, CR 2016, 474 (476).
[95] Nakamoto, 2008, S. 2.
[96] Fromberger/Zimmermann, 2020, § 1 Rn. 16.
[97] Safferling/Rückert, MMR 2015, 788 (789).

über das Internet, der Allgemeinheit zugänglich gemacht.[98] Bevor der Überträger die Nachricht an das der Blockchain zugrunde liegende Netzwerk zur Durchführung weiterleitet, signiert und verschlüsselt er sie mit seinem privaten Schlüssel. Anhand der beiden Schlüssel können die anderen Netzwerkteilnehmer die Daten der Transaktion verifizieren.[99] Sind alle Daten korrekt, wird die Transaktion dem Transaktionsbündel des neuen Blocks hinzugefügt.[100] Mit der Anhängung des neuen Blocks an die Blockchain, wird der Token dem Empfänger zugeordnet und er kann nun mit seinem privaten Schlüssel auf den Token zugreifen.[101]

1.4 Marktakteure in Bezug auf Kryptowerte

Neben den Netzwerkteilnehmern und Minern existieren noch weitere Personengruppen, die im Zusammenhang mit Kryptowerten am Markt auftreten. Von aufsichtsrechtlicher Relevanz sind dabei Emittenten von Kryptowerten sowie Dienstleister, die nach der Erstausgabe der Token des Kryptowertes verschiedene Tätigkeiten für die Netzwerkteilnehmer übernehmen.

1.4.1 Emittenten

Der Initiator einer Blockchain ist prinzipbedingt gleichzeitig auch der Emittent eines Kryptowertes.[102] Er schafft erstmals die Token und hinterlegt sie digital in der Blockchain. Anschließend verteilt der Emittent die ersten Kryptotoken an potentielle Netzwerkteilnehmer, die durch das Mining wiederum neue Token schaffen können.[103]

---

[98] Kaulartz, CR 2016, 474 (475).
[99] Pankratz, IT-Governance 2019, S. 6.
[100] Rosenberger, 2018, S. 18.
[101] Fromberger/Zimmermann, 2020, § 1 Rn. 20.
[102] Fromberger/Zimmermann, 2020, § 1 Rn. 79.
[103] Fromberger/Haffke/Zimmermann, BKR 2019, 377 (378).

Der Initiator kann bei Aufsetzen der Blockchain die Anzahl der Token, die den Kryptowert repräsentieren, festlegen.[104] Bei der Initiierung der Ethereum-Blockchain beispielsweise wurde die Anzahl der möglichen Token variabel ausgestaltet, sodass es unendlich viele Ether-Token geben kann.[105] Das Pseudonym Satoshi Nakamoto hat hingegen bei der Entwicklung des Kryptowertes Bitcoin in dessen Netzwerkprotokoll festgelegt, dass maximal 21 Mio. Bitcoins geschaffen werden können.[106] Im Genesis-Block der Bitcoin-Blockchain wurden allerdings nur 50 Bitcoins hinterlegt, sodass die verbleibenden Bitcoins in Zukunft noch geschürft werden können.[107] Es besteht gleichwohl die Möglichkeit bereits alle Token im Genesis-Block zu hinterlegen und dadurch eine Schaffung weiterer Token des Kryptowertes zu unterbinden.[108]

Durch die Festlegung einer fixen oder variablen Anzahl an Token kann der Emittent bei der Initiierung somit den faktischen Wert seines Kryptowertes beeinflussen. Nach dem Prinzip von Angebot und Nachfrage führt eine hohe Nachfrage nach einem begrenzten Angebot an Token zu steigenden Preisen. Die unendliche Generierung von Ether führt demnach zu einer stetigen Deflation des Kryptowertes Ethereum. Sofern die Nachfrage nach Bitcoins steigt oder zumindest stagniert, resultiert das Mining weiterer Bitcoins in einer Wertsteigerung des Kryptowertes Bitcoin, da durch jede weitere Transaktion zur Belohnung der Miner neue Bitcoins geschaffen werden. Hierdurch steigt zwar das Angebot an existierenden Bitcoins, mit Blick auf die Maximalgrenze von 21 Mio. Bitcoin-Token, sinkt durch jedes Mining allerdings die Anzahl an neu generierbaren Token, was eine Verknappung darstellt.

Dem Emittenten steht es grundsätzlich frei für die Ausgabe der Token eine Gegenleistung zu verlangen.[109] Werden die Token von

---

[104] Fromberger/Zimmermann, 2020, § 1 Rn. 6.
[105] Rosenberger, 2018, S. 54.
[106] Fromberger/Zimmermann, 2020, § 1 Rn. 6.
[107] Blockchain.com, n/a.
[108] Schacht, 2019, S. 52.
[109] Fromberger/Haffke/Zimmermann, BKR 2019, 377 (378).

einem Unternehmen entgeltlich ausgegeben, spricht man von einem Initial Coin Offering („**ICO**").[110] Ähnlich einer Aktienemission bei einem Börsengang werden neu geschaffene Token der Öffentlichkeit angeboten, um Kapital für eine Unternehmung oder ein einzelnes Projekt zu beschaffen.[111]

1.4.2 Dienstleister

Zwar basiert das System der Blockchain auf Dezentralität. Aufgrund der Komplexität bedienen sich Netzwerkteilnehmer dennoch regelmäßig der Unterstützung spezialisierter Dritter. Eine Einschaltung von Intermediären ist demnach möglich, aber nicht zwingend erforderlich, um die Funktionsweise des Netzwerks zu sichern. Dienstleister von besonderer Bedeutung sind hierbei Wallet-Anbieter, Betreiber von Handelsplattformen und Anbieter von Tumbler-Diensten.

Wallet-Anbieter

Die Dienstleistung der Wallet-Anbieter besteht aus der Bereitstellung von sogenannten „Wallets".[112] Diese dienen der sicheren Verwahrung der öffentlichen und privaten kryptographischen Schlüssel von Netzwerkteilnehmern und werden zumeist als „elektronische Geldbörsen" bezeichnet.[113] Da dem Wallet aber meist lediglich der Schlüssel, mit dem auf den Token zugegriffen werden kann, und nicht der Token, also der Wert selbst, zugeordnet wird, ist der Vergleich zu einer physischen Geldbörse unterdies etwas unpräzise.[114] Die Bezeichnung als (digitaler) Schlüsselbund erscheint in solchen Fällen dahingehend trefflicher.

---

[110] BaFin, 2018, S. 5.
[111] Hönig, 2020, S. 3.
[112] Fromberger/Haffke/Zimmermann, BKR 2019, 377 (378).
[113] Safferling/Rückert, MMR 2015 788 (790); Schlund/Pongratz, DStR 2018, 598 (599).
[114] Fromberger/Zimmermann, 2020, § 1 Rn. 25.

Das Wallet kann verschieden ausgestaltet werden. Zum einen besteht die Möglichkeit, die kryptographischen Schlüssel auf einem physischen Gerät, wie einem USB-Stick, zu speichern (*Hardware-Wallet*) oder sie über Online-Generatoren in einen auf Papier ausdruckbaren QR-Code umzuwandeln (*Paper-Wallet*).[115] Neben dieser analogen Verwahrweise existieren *Software-Wallets*, für deren Anwendung eine entsprechende Software auf dem Computer (*Desktop-Wallet*) oder auf dem Smartphone in Form einer App (*Mobile-Wallet*) installiert werden muss, und *Online-Wallets*, welche die kryptographischen Schlüssel auf Servern, ähnlich einer Cloud, speichern.[116]

In der regulatorischen Praxis wird zudem zwischen *Hot-Wallets* und *Cold-Wallets* unterschieden.[117] Ein Hot-Wallet zeichnet seine kontinuierliche Verbindung zum Internet aus. Cold-Wallets hingegen sind nicht dauerhaft online und werden nur zur Durchführung einer Token-basierten Transaktion an das Internet angeschlossen.

Von der Art des Wallets ist abhängig, ob ein Dienstleister als *verwahrender oder nicht-verwahrender Wallet-Anbieter* einzustufen ist, was unterschiedliche aufsichtsrechtliche Konsequenzen hat.[118] Nicht-verwahrende Wallet-Anbieter stellen den Netzwerkteilnehmer Hardware oder auch Software bereit, damit sie die kryptographischen Schlüssel eigenständig speichern, sichern und verwahren können.[119] Ein Dienstleister, der eine Website zur Umwandlung von kryptographischen Schlüsseln in QR-Codes betreibt, und Hersteller von USB-Sticks sind demnach als nicht-verwahrende Wallet-Anbieter zu klassifizieren. Ein verwahrender Wallet-Anbieter hingegen übernimmt die Verantwortung für die sichere Speicherung und Verwahrung der Schlüssel.[120] Betreiber

---

[115] Rosenberger, 2018, S. 22.
[116] Rosenberger, 2018, S. 23 f.
[117] vgl. auch im Folgenden: EBA, 2019, S. 9; ESMA, 2019, S. 9.
[118] Fromberger/Zimmermann, 2020, § 1 Rn. 26; Maume, 2020, § 12 Rn. 81 ff.
[119] Fromberger/Haffke/Zimmermann, BKR 2019, 377 (378).
[120] EBA, 2019, S. 15.

von Wallet-Apps oder cloudbasierten Online-Wallets sind regelmäßig in diese Gruppe einzuordnen.[121]

Betreiber von Handelsplattformen

Handelsplattformen für Kryptowerte ermöglichen auch nach der Erstemission der Token eine Teilnahme am Blockchain-Netzwerk des Kryptowertes.[122] Naturgemäß werden die sekundären Handelsplätze zumeist online betrieben.[123] Die Funktionsweise gleicht einem klassischen Onlinebanking-Account, bei dem nach Eingabe der Login-Daten des Nutzers verschiedene Finanzdienstleistungen direkt über die Plattform durchgeführt werden können.[124]

Handelsplattformen können unterschiedlich ausgestaltet sein.[125] Zum einen können sie hinsichtlich des Gegenstands des Geschäfts differenziert werden. Über *Kryptowechselstellen* können Investoren sowohl klassische Fiat-Währung in Kryptotoken umtauschen als auch Token in Fiat-Währung monetarisieren.[126] Werden auf einer Plattform lediglich Token eines Kryptowertes gegen Token eines anderen Kryptowertes getauscht, spricht man von *Kryptobörsen*.[127] Zum anderen kann bezüglich der Transaktionsabwicklung sowie der Einflussnahmemöglichkeit des Plattformbetreibers auf Transaktionen und Token selbst unterschieden werden.[128]

Eine Plattform, die bei Durchführung einer Token-Transaktion tatsächlich eine Änderung der Zuordnungsverhältnisse des Tokens auf der Blockchain vornimmt, wird als *On-Chain-Handelsplattform*

---

[121] Fromberger/Haffke/Zimmermann, BKR 2019, 377 (378).
[122] Fromberger/Zimmermann, 2020, § 1 Rn. 26; Maume, 2020, § 12 Rn. 88.
[123] Fromberger/Haffke/Zimmermann, BKR 2019, 377 (378).
[124] Fromberger/Zimmermann, 2020, § 1 Rn. 90.
[125] Fromberger/Zimmermann, 2020, § 1 Rn. 93.
[126] Fromberger/Haffke/Zimmermann, BKR 2019, 377 (378).
[127] Fromberger/Haffke/Zimmermann, BKR 2019, 377 (378).
[128] Fromberger/Zimmermann, 2020, § 1 Rn. 94 ff.

bezeichnet.[129] Das Gegenstück stellen *Off-Chain-Handelsplattformen* dar, die zur Realisierung der Transaktion einzig die virtuellen Plattform-Kontosalden der Beteiligten anpassen und keine tatsächliche Token-Transaktion über das Netzwerk anstoßen.[130]

Hinsichtlich der Einflussnahmemöglichkeit kann zwischen *zentralen und dezentralen Handelsplattformen* unterschieden werden.[131] Bei zentralen Handelsplattformen findet der Austausch des Tokens über einen zentralen öffentlichen Schlüssel statt, der von der Plattform selbst kontrolliert wird.[132] Die Transaktionsparteien sind einander nicht bekannt. Die Ausführung einer Token-Transaktion auf einer dezentralen Handelsplattform erfolgt hingegen ohne eine solche Zwischenschaltung. Der Plattformbetreiber vermittelt lediglich zwischen den handelnden Parteien.

Anbieter von Tumbler-Diensten

Sogenannte „Tumbler" ermöglichen den Inhabern von Token, die mit dem Token verbundenen Transaktionen auf der Blockchain zu anonymisieren.[133] Zwar werden durch den Einsatz des kryptographischen Schlüsselpaars keine persönlichen Daten des Eigentümers zur Abwicklung der Transaktion verwendet; über den öffentlichen Schlüssel können allerdings Rückschlüsse auf die Identität des Eigentümers abgeleitet werden.[134]

Möchte ein Netzwerkteilnehmer nun die Herkunft und Prähistorie des Tokens verschleiern, nimmt er die Dienste eines Tumblers in Anspruch. Hierzu sendet er den Token an einen öffentlichen Schlüssel des Tumbler-Betreibers.[135] Dieser benötigt zur Durchführung der

---

[129] Fromberger/Zimmermann, 2020, § 1 Rn. 94 f.
[130] Fromberger/Zimmermann, 2020, § 1 Rn. 94 f.
[131] DBB, 2019b, S. 43.
[132] Hierzu und im Folgenden: Fromberger/Zimmermann, 2020, § 1 Rn. 97.
[133] Fromberger/Zimmermann, 2020, § 1 Rn. 102, 106.
[134] Fromberger/Haffke/Zimmermann, BKR 2019, 377 (378 f.).
[135] Fromberger/Zimmermann, 2020, § 1 Rn. 106.

Anonymisierung mehrere Token des gleichen Kryptowertes und mehrere, von ihm kontrollierte öffentliche Schlüssel.[136] Denn zur Verschleierung splittet er alle Token des gleichen Kryptowertes, die sich in seinem Besitz befinden, in Teilbeträge auf und simuliert über seine öffentlichen Schlüssel eine Vielzahl von Transaktionen.[137] Anschließend transferiert er aus diesen Teilbeträgen eine Summe an Token, die den gleichen Wert wie der zu Beginn übersendete Token des Nutzers hat, an einen vom Nutzer benannten öffentlichen Schlüssel.[138] In der Regel behält der Tumbler-Anbieter aber einen Anteil von circa drei Prozent als Leistungsgebühr ein.[139] Von Relevanz bei diesem Verfahren ist, dass nicht nur Token eines einzelnen Tumbler-Nutzers verwendet werden, da eine Vermischung ansonsten nicht stattfinden kann.[140]

1.5 Chancen und Risiken

Die Bestrebungen der nationalen und europäischen Gesetzgeber Kryptowerte zu regulieren, stehen in enger Verbindung mit den Chancen und Risiken von Kryptowerten für die Finanzmärkte. Da derzeit die überwiegende Mehrzahl der auf den Märkten befindlichen Kryptowerte auf der Blockchain-Technologie basiert, wird nur auf die Chancen und Risiken solcher Kryptowerte eingegangen.

1.5.1 Chancen

Die positiven Potentiale von Kryptowerten ergeben sich vor allem aus der *dezentralen Strukturierung* ihrer zugrunde liegenden Netzwerke. Satoshi Nakamoto erläutert in dem Whitepaper des Bitcoins,

---

[136] Fromberger/Zimmermann, 2020, § 1 Rn. 106.
[137] Fromberger/Haffke/Zimmermann, BKR 2019, 377 (379).
[138] Fromberger/Haffke/Zimmermann, BKR 2019, 377 (379).
[139] Fromberger/Zimmermann, 2020, § 1 Rn. 106.
[140] Fromberger/Haffke/Zimmermann, BKR 2019, 377 (379).

dass durch den Einsatz der Blockchain-Technologie zur Kontrolle und Organisation der Transaktion die Einschaltung eines Intermediären obsolet werde.[141] Die Validierung wird stattdessen auf alle Netzwerkteilnehmer verteilt, was zu einer Unabhängigkeit von staatlichem und institutionellem Einfluss führt.[142]

Da die Verifizierung und Verarbeitung der Transaktion nun auf eine höhere Anzahl an Akteuren verteilt wird, kann der Prozess *schneller und effizienter* abgewickelt werden.[143] Sollte ein Netzwerkteilnehmer einmal aufgrund eines lokalen technischen Problems die Kopie der Blockchain auf seinem Server verlieren, führt dies nicht zu einem vollumfänglichen Datenverlust, da aufgrund des Grundsatzes der Dezentralität auf jedem Knoten des Netzwerks eine Kopie der Blockchain gespeichert ist.[144] Die Token, und damit der Kryptowert an sich, können daher nicht verloren gehen.

Auch ein Diebstahl der Token durch Manipulation einer Transaktion ist aufgrund der *Unveränderbarkeit der Daten* der Blockchain nahezu unmöglich.[145] Durch die kryptische Verkettung der Blöcke, den Konsensmechanismus und die zeitgleiche Speicherung identischer Kopien auf jedem Server des Netzwerks würde eine immens hohe Rechenleistung benötigt werden, um die Daten der Blockchain zu ändern.

Alle Transaktionen können jederzeit eindeutig nachvollzogen werden, weshalb die Nutzung von Kryptowerten als Zahlungsmittel oder als Geldanlage die *Transparenz* der Finanzmärkte steigern würde.[146]

Der Einsatz von Kryptowerten hat sowohl aus Sicht des Kunden als auch aus Sicht der Kreditinstitute beziehungsweise der Finanzdienstleister das Potential, *Kosten zu reduzieren*.[147] Inhaber eines Kryptotokens

---

[141] Nakamoto, 2008, S. 1.
[142] Schacht, 2019, S. 5.
[143] Beinke et al., 2020, S. 138.
[144] Fromberger/Zimmermann, 2020, § 1 Rn. 1.
[145] Flasshoff et al., BaFin Perspektiven 2018, S. 35.
[146] N.N., Risiko Manager 2019, Heft 10.
[147] Beinke et al., 2020, S. 138.

müssen beispielsweise keine Transaktionsgebühren zahlen, da die Miner für das Validieren der Transaktionen als Gegenleistung eine Belohnung erhalten, meist in Form von neuen Token.[148] Da den Minern aufgrund dieses Vergütungssystems etwas an der Werthaltigkeit der Token liegt, werden sie regelmäßig für eine ordnungsgemäße Durchführung der Transaktionen sorgen.[149] Sofern Kreditinstitut und Finanzdienstleister die Verwaltung von Kryptotoken anbieten, können sie die Kosten des Risikomanagements verringern, da aufgrund der Transparenz, der Nachvollziehbarkeit und Fälschungssicherheit der Blockchain-Technologie das Risiko des Ausfalls von Kryptowerten sehr gering ist.[150]

1.5.2 Risiken

Gerade der Aspekt der Kostenreduzierung macht eine Investition in Kryptowerte für Anleger attraktiv. Hinzu kommt die Aussicht auf eine hohe Rendite aufgrund von Kursgewinnen trotz der vorherrschenden Niedrigzinsphase. Die Nutzung von Kryptotoken als spekulatives Anlageinstrument führt allerdings zu einer extremen Preisdynamik und damit einhergehenden *Wertschwankungen*, welche unter Umständen für den Anleger bis zum Totalverlust führen können.[151]

Die Vielzahl an unterschiedlichen Gestaltungsmöglichkeiten von Kryptotoken und die *technische Komplexität* bewirken zudem, dass die Funktionsweise des Anlagemodells für Investoren schwer nachzuvollziehen ist.[152]

Da der Anleger selbst für die sichere Verwahrung der privaten Schlüssel verantwortlich ist, stellen weniger technikaffine Investoren zudem eine *Sicherheitslücke* für das Netzwerk dar.[153] Der Anleger muss stets dafür Sorge tragen, dass das Programm, welches er zur krypto-

---

[148] Schacht, 2019, S. 20.
[149] John, BKR 2020, 76 (78).
[150] Beinke et al., 2020, S. 138.
[151] Gschnaidtner, 2020, § 2 Rn. 12 f; BaFin, 2017.
[152] BaFin, 2017.
[153] N.N., Risiko Manager 2019, Heft 10.

graphischen Verschlüsselung und Verwahrung nutzt, auf dem neuesten Stand ist, um vor Hackerangriffen geschützt zu sein.

Das Netzwerk eines Kryptowertes kann aber auch von innen heraus bedroht werden. Für die Validierung von Transaktionen wird eine hohe Rechenleistung benötigt, welche nur mit einem hohen Energieverbrauch und Speicherplatz gewährleistet werden kann.[154] Da diese Ressourcen in der Praxis nur von wenigen Netzwerkteilnehmern aufgebracht werden können, kann es trotz der dezentralen Struktur der Blockchain zu einer *Allokation der Kontrolle* bei wenigen Nodes kommen.[155] Sofern diese Miner die Mehrheit der Knoten im Netzwerk stellen, können sie jede Transaktion manipulieren, da sie den Konsensmechanismus durch ihre Mehrheit in ihrem Sinne beeinflussen können. Eine solche Zentralisation der Kontrolle ist für Anleger allerdings unattraktiv, weshalb sich Investoren bei Bekanntwerden einer solchen Manipulation aus dem Netzwerk zurückziehen würden. Dies würde sich aufgrund des dadurch entstehenden Werteeinbruchs der Token wiederum nachteilig für die manipulierenden Netzwerkteilnehmer auswirken.

Des Weiteren ist die *Anonymität der Netzwerkteilnehmer* kritisch zu sehen. Bereits heute werden Kryptowerte, hauptsächlich der Bitcoin, zur Bezahlung im Darknet, dem „(globalen) Online-Schwarzmarkt"[156], genutzt. Da Token den Netzwerkteilnehmern lediglich über die kryptographischen Schlüssel zugeordnet werden, bleibt die wahre Identität der Inhaber der Kryptotoken verschleiert. Aus diesem Grund werden Kryptowerte auch häufig zum Zwecke der Geldwäsche oder der Terrorismusfinanzierung verwendet.[157]

Da Technologie immer im Wandel ist und eine sehr *hohe Innovationsgeschwindigkeit* aufweist, müssen sich auch die rechtlichen Grundlagen stets anpassen, um den Verbraucher ausreichend zu schützen und die Finanzmärkte zu stabilisieren. Durch die Zunahme an technisch

---

[154] BT-Drs 19/13.433, S. 3, 8.
[155] Hönig, 2020, S. 119.
[156] Gschnaidtner, 2020, § 2 Rn. 62.
[157] Fromberger/Haffke/Zimmermann, BKR 2019, 377 (377).

komplexen Funktionsweisen besteht die Gefahr, dass neu entstehende Instrumente unverstanden bleiben und unerkannt wuchern können. Dies könnte zur Folge haben, dass die in der Schattenwirtschaft entstandenen Werte bei Entdeckung nicht mehr kontrollierbar sind.

Ihr Transfer in die Praxis

Personen, die in Kryptowerte investieren möchten, sollten sich u. a. folgende Fragen stellen:
- Sind mir die Funktionsweise und die verschiedenen Ausgestaltungsmöglichkeiten von Kryptowerten bewusst?
- Möchte ich trotz der bestehenden Risiken, wie z. B. einem möglichen Totalverlust meiner Investition, in Kryptowerte anlegen?
- Bin ich dazu bereit meine Wallets stets auf dem neuesten und höchsten Sicherheitsstandard zu halten, um mich vor Hackerangriffen zu schützen?

Personen, die ein Unternehmen im Zusammenhang mit Kryptowerten gründen möchten, sollten sich u. a. folgende Fragen stellen:
- In welcher Form möchte ich am Kryptomarkt tätig werden? (Emittent, Dienstleister, Miner, etc.)
- Wie möchte ich als Emittent meine Kryptowerte und die dazugehörigen Token ausgestalten?
- Wie schütze ich meine Kryptowerte vor Wertverlust und die dahinterstehende Technologie vor Hackerangriffen?
- Wie stelle ich sicher, dass meine Kryptowerte nicht für Zwecke der Terrorismus- und Geldwäschefinanzierung genutzt werden?

Literatur

BaFin (2017). Verbraucherwarnung: Risiken von Initial Coin Offerings (ICOs). https://www.bafin.de/SharedDocs/Veroeffentlichungen/DE/Meldung/2017/meldung_171109_ICOs.html. Zugegriffen: 21.03.2021.

BaFin (2018). Aufsichtsrechtliche Einordnung von sog. Initial Coin Offerings (ICOs) zugrunde liegenden Token bzw. Kryptowährungen als Finanzinstrumente im Bereich der Wertpapieraufsicht, GZ: WA 11-QB 4100–2017/0010. Hinweisschreiben. https://www.bafin.de/SharedDocs/Downloads/DE/Merkblatt/WA/dl_hinweisschreiben_einordnung_ICOs.html. Zugegriffen: 21.03.2021.

BaFin (2019). Zweites Hinweisschreiben zu Prospekt- und Erlaubnispflichten im Zusammenhang mit der Ausgabe sogenannter Krypto-Token, GZ: WA 51-Wp 7100–2019/0011 und IF 1-AZB 1505–2019/0003. https://www.bafin.de/SharedDocs/Downloads/DE/Merkblatt/WA/dl_wa_merkblatt_ICOs.html. Zugegriffen: 21.03.2021.

BaFin (2020). Financial Action Task Force – FATF. https://www.bafin.de/DE/Internationales/GlobaleZusammenarbeit/FATF/fatf_artikel.html. Zugegriffen: 21.03.2021.

Beinke, J. H., Tönnissen, S., Samuel, J. & Teuteberg, J.: Blockchain im Bankensektor – Chancen, Herausforderungen, Handlungsempfehlungen und Vorgehenmodell, in: Fill, H.-G. & Meier, A. (Hrsg.) (2020). *Blockchain* (1. Ed.). Wiesbaden: Springer.

Bialluch-von Allwörden, S. & Von Allwörden, S. (2018). Initial Coin Offerings: Kryptowährungen als Wertpapier oder Vermögensanlage. *WM*, 2118–2123.

Blassl, J. & Sandner, P. (2020). Kryptoverwahrgeschäft – Einsatz der Blockchain im Finanzbereich wird regulierte Finanzdienstleistung –. *WM*, 1188–1190.

Blockchain.com (n/a). Block 0 der Bitcoin-Blockchain. https://www.blockchain.com/de/btc/block/000000000019d6689c085ae165831e934ff763ae46a2a6c172b3f1b60a8ce26f. Zugegriffen: 21.03.2021.

Bundesministerium der Finanzen (2019). *Monatsbericht Juni 2019.* https://www.bundesfinanzministerium.de/Content/DE/Downloads/Monatsberichte/2019/06.html. Zugegriffen: 21.03.2021.

DBB (2019a). Geld und Geldpolitik. https://www.bundesbank.de/resource/blob/606038/5a6612ee8b34e6bffcf793d75eef6244/mL/geld-und-geldpolitik-data.pdf. Zugegriffen: 21.03.2021.

DBB (2019b). Krypto-Token im Zahlungsverkehr und in der Wertpapierabwicklung. Monatsbericht – Juli 2019. https://www.bundesbank.de/de/publikationen/berichte/monatsberichte/monatsbericht-juli-2019-802234. Zugegriffen: 21.03.2021.

EBA (2019). Report with advice for the European Commission on crypto-assets. https://www.eba.europa.eu/eba-reports-on-crypto-assets. Zugegriffen: 21.03.2021.

ESMA (2019). Advice on initial coin offerings and crypto-assets, ESMA50–157–1391. https://www.esma.europa.eu/document/advice-initial-coin-offerings-and-crypto-assets. Zugegriffen: 21.03.2021.

EZB (2019). Crypto-assets – trends and implications. https://www.ecb.europa.eu/paym/intro/mip-online/2019/html/1906_crypto_assets.en.html. Zugegriffen: 21.03.2021.

FATF (2019). Guidance for a Risk-Based Approach to Virtual Assets and Virtual Asset Service Providers. https://www.fatf-gafi.org/publications/fatfrecommendations/documents/Guidance-RBA-virtual-assets.html. Zugegriffen: 21.03.2021.

Fill, H.-G. & Härer, F.: Sicherung des intellektuellen Kapitals mit Knowledge Blockchain, in: Fill, H.-G. & Meier, A. (Hrsg.) (2020). *Blockchain* (1. Ed.). Wiesbaden: Springer.

Fill, H.-G., Härer, F. & Meier, A.: Wie funktioniert die Blockchain?, in: Fill, H.-G. & Meier, A. (Hrsg.) (2020). *Blockchain* (1. Ed.). Wiesbaden: Springer.

Flasshof, C. et al. (2018). Distributed-Ledger-Technologie: Die Blockchain als Basis für IT-Sicherheit. *BaFinPerspektiven*. https://www.bafin.de/SharedDocs/Veroeffentlichungen/DE/BaFinPerspektiven/2018/bp_18-1_Beitrag_Sandner.html. Zugegriffen: 21.03.2021.

Fromberger, M. & Zimmermann, P.: § 1 Technische und rechtstatsächliche Grundlagen, in: Maume, P. et al. (Hrsg.) (2020). *Rechtshandbuch Kryptowerte* (1. Aufl.). München: C.H. Beck.

Fromberger, M., Haffke, L. & Zimmermann, P. (2019). Kryptowerte und Geldwäsche. *BKR*, 377–386.

Geiling, L. (2016). Distributed Ledger: Die Technologie hinter den virtuellen Währungen am Beispiel der Blockchain. *BaFinJournal*. https://www.bafin.de/SharedDocs/Veroeffentlichungen/DE/Fachartikel/2016/fa_bj_1602_blockchain.html. Zugegriffen: 21.03.2021.

Gschnaidtner, C.: § 2 Die Ökonomik von Kryptotoken, in: Maume, P. et al. (Hrsg.) (2020). *Rechtshandbuch Kryptowerte* (1. Aufl.). München: C.H. Beck.

Hahn, C. & Wons, A. (2018). *Initial Coin Offerings (ICO)* (1. Ed.). Wiesbaden: Springer.

Hanten, M. & Sacarcelik, O. (2019). Zivilrechtliche Einordnung von Kryptowährungen und ICO-Token und ihre Folgen. *RdF*, 124–131.

Hönig, M. (2020). *ICO und Kryptowährungen: Neue digitale Formen der Kapitalbeschaffung* (1. Ed.). Wiesbaden: Springer.

Möllenkamp, S. & Shmatenko, L.: Teil 13.6 Blockchain und Kryptowährungen, in: Hoeren, T. et al. (Hrsg.) (2020). *Handbuch Multimedia-Recht* (54. Ergänzungslieferung). München: C.H. Beck.

Houben, R. & Snyers, A. (2020). Crypto-assets – key developments, regulatory concerns and responses. Study for the Committee on Economic and Monetary Affairs, Policy Department for Economic, Scientific and Quality of Life Policies. European Parliament. https://www.europarl.europa.eu/RegData/etudes/STUD/2020/648779/IPOL_STU(2020)648779_EN.pdf. Zugegriffen: 21.03.2021.

John, D. (2020). Zur Sachqualität und Eigentumsfähigkeit von Kryptotoken. *BKR*, 76–81.

Kaulartz, M. (2016). Die Blockchain-Technologie. *CR*, 474–480.

Kaulartz, M. & Matzke, R. (2018). Die Tokenisierung des Rechts. *NJW*, 3278–3283.

Kleinert, U. & Mayer, V. (2019). Elektronische Wertpapiere und Krypto-Token. *EuZW*, 857–863.

Langenbucher, K., Hoche, M. & Wentz, J.: Kap. 11 Virtuelle Währungen, in: Langenbucher, K. et al. (Hrsg.) (2020). *Bankrechts-Kommentar* (3. Aufl.). München: C.H. Beck.

Langer, M. (2019). *Das liechtensteinische Steuerrecht* (1. Aufl.). Wiesbaden: Springer.

Maume, P.: § 12 Finanzdienstleistungsaufsichtsrecht, in: Maume, P. et al. (Hrsg.) (2020). *Rechtshandbuch Kryptowerte* (1. Aufl.). München: C.H. Beck.

Maute, L.: § 4 Die Rechtsnatur von Kryptowerten, in: Maume, P. et al. (Hrsg.) (2020). *Rechtshandbuch Kryptowerte* (1. Aufl.). München: C.H. Beck.

Million, C. (2019). *Crashkurs Blockchain* (1. Aufl.). Freiburg/München/Stuttgart: Haufe.

Nakamoto, S. (2008). Bitcoin: A Peer-to-Peer Electronic Cash System. https://bitcoin.org/bitcoin.pdf. Zugegriffen: 21.03.2021.

Neulen, P. (Hrsg.) (2015). *Duden Recht A – Z: Fachlexikon für Studium, Ausbildung und Beruf* (3. Aktualisierte Aufl.). Berlin: Duden.

N.N. (2019). Chancen und Risiken der Blockchain-Technologie für Finanzdienstleister. Bankv_rm_1910006. *Risiko Manager* (10), https://www.wiso-net.de/login?targetUrl=%2Fdocument%2FRISK__cc6a738b7bba5de490865201b33f9ecb09407629. Zugegriffen: 21.03.2021.

Pankratz, G. (2019). Blockchains und Distributed Ledgers – konzeptionelle Grundlagen, Einsatzmöglichkeiten und Grenzen. *IT-Governance* (30), 4–11.

Rosenberger, P. (2018). *Bitcoin und Blockchain* (1. Ed.). Berlin/Heidelberg: Springer.

Schacht, S.: Die Blockchain-Technologie, in: Schacht, S. & Lanquillon, C. (Hrsg.) (2019). *Blockchain und maschinelles Lernen* (1. Ed.). Berlin/Heidelberg: Springer.

Safferling, C. & Rückert, C. (2015). Telekommunikationsüberwachung bei Bitcoins – Heimliche Datenauswertung bei virtuellen Währungen gem. § 100a StPO. *MMR*, 788–794.

Schäfer, F. & Eckhold, T.: § 16a Crowdfunding, Crowdlending, Crowdinvesting, Kryptowährungen und Initial Coin Offerings (ICOs), in: Assmann, H.-D. et al. (Hrsg.) (2020). *Handbuch des Kapitalanlagerechts* (5. überarbeitete Aufl.). München: C.H. Beck.

Schlund, A. & Pongratz, H. (2018). Distributed-Ledger-Technologie und Kryptowährungen – eine rechtliche Betrachtung. *DStR*, 598–604.

Schrey, J. & Thalhofer, T. (2017). Rechtliche Aspekte der Blockchain. *NJW*, 1431–1436.

Subhash, S. & Stadler, D. (2020). Die Emission von Wertrechten auf Basis verteilter elektronischer Register – Distributed Ledger Technology. *wbl*, 181–193.

Zöllner, L. (2020). Kryptowerte vs. Virtuelle Währungen. *BKR*, 117–125.

Zwirner C. & Heyd, S.: Kap. A Handelsbücher, in: Pelka, J. & Petersen, K. (Hrsg.) (2019). *Beck'sches Steuerberater-Handbuch 2019/2020* (17. Aufl.). München: C.H. Beck.

2

Aufsichtsrechtliche Einordnung von Kryptowerten

> **Was Sie aus diesem Kapitel mitnehmen**
>
> - Die aufsichtsrechtliche Einordnung von Kryptowerten ist von der konkreten Ausgestaltung der Kryptotoken im Einzelfall abhängig.
> - Investment Token qualifizieren regelmäßig als ein Finanzinstrument im Sinne des WpHG als auch des KWG. Currency Token und Utility Token sind dagegen lediglich Finanzinstrumente im Sinne des KWG.
> - Die aufsichtsrechtliche Einordnung zieht verschiedene Rechtsfolgen nach sich, wie beispielsweise Prospekt- und Informationspflichten oder auch das Erfordernis einer Erlaubnis der Tätigkeit.
> - Abweichend von den europäischen Vorgaben hat der deutsche Gesetzgeber durch Aufnahme der Tatbestände des Kryptowertes und des Kryptoverwahrgeschäftes im KWG eine umfassende Regulierung von Kryptowerten in Deutschland etabliert.
> - Anbieter von Tumbler-Diensten werden aufsichtsrechtlich dennoch nicht erfasst.

Die Rechtsnatur von Kryptowerten ist zur rechtlichen Erfassung der tatsächlichen Vorgänge von zentraler Bedeutung. Eine klare Einordnung von Kryptowerten in das Rechtssystem schafft Rechtssicherheit und Vertrauen in die zugrunde liegende Technologie. Mangels universeller

Legaldefinition des Begriffs wird sowohl der zivilrechtliche als auch der aufsichtsrechtliche Charakter von Kryptowerten in der Literatur vielfach diskutiert.[1] Aufgrund des aufsichtsrechtlichen Schwerpunkts dieses Buches wird an dieser Stelle nicht auf die verschiedenen Ansichten zur zivilrechtlichen Einordnung eingegangen. Im Folgenden wird die Erfassung von Kryptowerten durch das Kapitalmarkt- und das Bankaufsichtsrecht sowie die Auswirkungen der jeweiligen Einordnung erläutert.

2.1 Grundlagen der Europäischen Finanzmarktaufsicht

Zunächst ist grundlegend auf das Zusammenspiel der nationalen und europäischen Aufsicht einzugehen. Ein zentrales Ziel der EU ist nach Art. 3 Abs. 3 S. 1 des Vertrages über die Europäische Union („**EUV**") und Art. 26 Abs. 1 des Vertrages über die Arbeitsweise der Europäischen Union („**AEUV**") die Errichtung und Gewährleistung eines funktionierenden Binnenmarktes. Die Marktfreiheiten in Form des freien Verkehrs von Waren, Personen, Dienstleistungen und Kapital sollen nach Art. 26 Abs. 2 AEUV der Verwirklichung dieses Ziels dienen. Deshalb wurden die Rahmenbedingungen dieser Marktfreiheiten ausführlich im Dritten Teil, Titel II und IV AEUV geregelt. Art. 114 Abs. 1 S. 2 AEUV ermächtigt das Europäische Parlament und den Rat zudem zum Erlass von Rechtsakten, die zum Zwecke der Zielerreichung des Art. 26 AEUV das nationale Recht der Mitgliedstaaten angleichen.

Aufgrund der Finanzmarktkrise von 2007 und 2008 haben das Europäische Parlament und der Rat von dieser Möglichkeit der Harmonisierung im Bank- und Kapitalmarktrecht zunehmend Gebrauch gemacht.[2] Neben der Entwicklung und Neufassung von

---

[1] Vgl. Kaulartz/Matzke, NJW 2018, 3278 (3280 ff); Kleinert/Mayer, EuZW 2019, 857 (857 ff); Maute, 2020, § 4; Omlor, ZHR 183 (2019), 294 (306 ff); Möllenkamp/Shmatenko, 2020, Teil 13.6, Rn. 29 ff.
[2] ErwG 3 und 4 der RL 2014/65/EU; ErwG 1 und 2 der VO (EU) Nr. 1093/2010.

Solvenz- und Marktaufsichtsvorschriften, wie zum Beispiel der Eigenkapitalrichtlinie[3] und der Finanzmarktrichtlinie (Markets in Financial Instruments Directive – "**MiFID**")[4] wurden unter anderem 2010 der Ausschuss für Systemrisiken[5] begründet. Dieser übernimmt die makro-prudentielle Aufsicht über das Finanzsystem auf Unionsebene, indem er Systemrisiken überwacht, analysiert und bewertet sowie klare Warnungen und Empfehlungen ausspricht.[6]

Für die mikro-prudentielle Aufsicht wurden zur Zusammenarbeit mit den nationalen Aufsichtsbehörden drei neue Aufsichtsbehörden auf EU-Ebene ("**ESAs**") errichtet: Die EBA, die Europäische Aufsichtsbehörde für das Versicherungswesen und die betriebliche Altersvorsorge ("**EIOPA**") und die Europäische Wertpapier- und Marktaufsichtsbehörde ("**ESMA**").[7] Die ESAs geben zur Harmonisierung der Finanzaufsicht Leitlinien sowie Empfehlungen heraus und arbeiten Entwürfe für technische Regulierungs- und Durchführungsstandards aus.[8] Die Leitlinien und Empfehlungen sollen den nationalen Aufsichtsbehörden, wie der deutschen Bundesanstalt für Finanzdienstleistungsaufsicht ("**BaFin**"), dazu dienen das Unionsrecht kohärent auszulegen.[9] Im Gegensatz zu Verordnungen sind diese Rechtsakte nach Art. 288 UAbs. 5 AEUV grundsätzlich nicht rechtsverbindlich.

Sowohl die ESMA und die EBA als auch die BaFin haben zur aufsichtsrechtlichen Einordnung von Kryptowerten in die bestehenden europäischen und nationalen Rechtsnormen bereits Stellung genommen.[10] Eine besondere Rolle spielt hierbei die zweite Finanzmarktrichtlinie ("**MiFID II**"). Da der deutsche Gesetzgeber diese mit

---

[3] RL 2013/36/EU.
[4] RL 2014/65/EU.
[5] VO (EU) Nr. 1092/2010.
[6] ErwG 6, 10 und 11 der VO (EU) Nr. 1092/2010.
[7] BaFin, 2016.
[8] Art. 8 Abs. 1 lit. a) der VO (EU) Nr. 1093/2010; Art. 8 Abs. 1 lit. a) der VO (EU) Nr. 1094/2010; Art. 8 Abs. 1 lit. a) der VO (EU) Nr. 1095/2010.
[9] ErwG 26 der VO (EU) Nr. 1093/2010.
[10] EBA, 2019; ESMA, 2019.

dem Zweiten Finanzmarktnovellierungsgesetz umgesetzt hat[11], wird der Schwerpunkt der folgenden Einordnung auf dem deutschen Recht liegen.

Das deutsche Aufsichtsrecht besteht zum einen aus dem Bankaufsichtsrecht, welches sich insbesondere mit der Beaufsichtigung der Gründung und des Betreibens von Kredit- und Finanzdienstleistungsinstituten befasst.[12] Zum anderen existiert neben dieser institutionellen Aufsicht, deren wichtigste rechtliche Grundlage das KWG ist, eine operationelle Überwachung in Form der Kapitalmarktaufsicht, welche die Transaktionen und das Verhalten der Teilnehmer des Kapitalmarktes regulieren soll.[13]

2.2 Einordnung in das Kapitalmarktrecht

Die Regelungen zum Kapitalmarktrecht finden sich in Deutschland vor allem im Wertpapierhandelsgesetz („**WpHG**"), Kapitalanlagegesetzbuch („**KAGB**") und Vermögensanlagengesetz („**VermAnlG**").[14] Auf weitere kapitalmarktrechtliche Vorschriften wie das Börsengesetz oder Depotgesetz wird im weiteren Verlauf des Buches nicht eingegangen.

2.2.1 Finanzinstrument im Sinne des WpHG

Zentraler Anknüpfungspunkt des WpHG ist der Begriff des Finanzinstruments im Sinne des § 2 Abs. 4 WpHG, welcher auf Art. 4 Abs. 1 Nr. 15 i. V. m. Anhang I Abschnitt C MiFID II basiert.[15] Finanzinstrumente sind demnach Wertpapiere im Sinne des § 2 Abs. 1 WpHG, Anteile an Investmentvermögen im Sinne des § 1 Abs. 1

---

[11] BGBl 2017 I S. 1693.
[12] BaFin, 2019a.
[13] Kumpan, 2020, WpHG § 2 Rn. 3 ff.
[14] Hakenberg, 2020.
[15] BaFin, 2018, S. 1 f.

KAGB, Geldmarktinstrumente im Sinne des § 2 Abs. 2 WpHG, derivative Geschäfte im Sinne des § 2 Abs. 3 WpHG, Emissionszertifikate, Rechte auf Zeichnung von Wertpapieren sowie Vermögensanlagen im Sinne des § 1 Abs. 2 VermAnlG. Da die BaFin aufgrund der flexiblen Gestaltungsoptionen von Token eine Einordnung als Wertpapier, als Anteil an einem Investmentvermögen oder als Vermögensanlage in den soeben genannten Sinnen für möglich hält, werden diese Finanzinstrumente im Folgenden näher erläutert.[16]

Wertpapier im Sinne des WpHG

Basierend auf Art. 4 Abs. 1 Nr. 44 MiFID II umfasst der Wertpapierbegriff des § 2 Abs. 1 WpHG drei Merkmale: die Übertragbarkeit, die Handelbarkeit auf den Finanz- beziehungsweise Kapitalmärkten sowie die „Vergleichbarkeit"[17] mit den in § 2 Abs. 1 Nr. 1 bis 3 WpHG genannten Finanzinstrumenten. Des Weiteren enthalten die beiden Vorschriften das Negativ-Kriterium des Zahlungsinstruments. Liquide Mittel, wie Bargeld oder Schecks, stellen demnach keine Wertpapiere im Sinne des WpHG oder der MiFID II dar.[18]

Der Wortlaut des § 2 Abs. 1 WpHG stellt klar, dass eine Verbriefung des Wertpapiers, im Gegensatz zum zivilrechtlichen Wertpapierbegriff, nicht notwendig ist. Das Kriterium der Übertragbarkeit ist daher losgelöst von den zivilrechtlichen Übertragungsregelungen zu betrachten. Die BaFin erklärt die Möglichkeit der Dokumentation des Inhabers des Wertpapiers in einer Technologie wie der DLT bereits als ausreichend für den Eigentumsnachweis.[19] Ein Token kann durch neue Zuordnung zu einem anderen Netzwerkteilnehmer transferiert werden. Der Zuordnungsvorgang wird im Distributed Ledger unwiderruflich

---

[16] BaFin, 2018, S. 2.
[17] Weitnauer, BKR 2018, 231 (233).
[18] Kumpan, 2020, WpHG § 2 Rn. 12.
[19] BaFin, 2018, S. 2.

dokumentiert. Somit erfüllt ein Token grundsätzlich das Kriterium der Übertragbarkeit.

Die Handelbarkeit an den Finanz- beziehungsweise Kapitalmärkten ist eng mit der gattungsmäßigen Ausgestaltung, auf die der Wortlaut des § 2 Abs. 1 WpHG verweist, verknüpft. Die europarechtliche Auslegung des Finanzmarktbegriffs ist grundsätzlich weit zu verstehen, weshalb aus Sicht der BaFin Kryptohandelsplattformen als Finanz- beziehungsweise Kapitalmarkt im Sinne des WpHG und der MiFID II betrachtet werden können.[20] Nur wenn ein Instrument die gleichen Rechte vermittelt und nach Art und Zahl der Stücke bestimmbar ist, kann es an einem solchen Markt gehandelt werden.[21] Es muss also vertretbar sein. Um diese Voraussetzung bejahen zu können, müssen jeder Kryptowert und die dazugehörigen Token im Einzelfall betrachtet werden. Die Token des Kryptowertes Bitcoin sind beispielsweise handelbar, da die Token durch das Whitepaper von Nakamoto einer Standardisierung unterliegen. Stattet ein Emittent seine Token hingegen mit individuellen kundenbezogenen Merkmalen aus, ist die Handelbarkeit auf Finanz- oder Kapitalmärkten ausgeschlossen.[22]

Zuletzt müssen Token mitgliedschaftliche oder vermögensmäßige oder damit vergleichbare Rechte verkörpern, um als Wertpapier im Sinne des WpHG beziehungsweise der MiFID II zu qualifizieren.[23] Besonders dieses Tatbestandsmerkmal erfordert eine konkrete Prüfung im Einzelfall, da die Aufsichtsbehörden regelmäßig den Grundsatz „Substance over Form"[24] anwenden. Dieser besagt, dass nicht die Bezeichnung des Kryptotokens, sondern die konkrete Ausgestaltung der mit dem Token verknüpften Ansprüche maßgeblich für die aufsichtsrechtliche Einordnung ist.

Hinsichtlich der in Kapitel A.II. beschriebenen Token-Kategorien erfüllen nur Investment Token eindeutig dieses Kriterium und somit

---

[20] Weiß, BaFinJournal 2019, S. 9.
[21] Kumpan, 2020, WpHG § 2 Rn. 7.
[22] Kumpan, 2020, WpHG § 2 Rn. 7.
[23] BaFin, 2018, S. 2.
[24] Weiß, BaFinJournal 2019, S. 9; Kleinert/Mayer, EuZW 2019, 857 (859).

den Wertpapierbegriff des WpHG und der MiFID II. Zudem können auch hybride Token als Wertpapier im Sinne des WpHG und im Sinne des MiFID II qualifizieren, sofern der Schwerpunkt ihrer Funktion auf der Verkörperung von mitgliedschaftlichen oder vermögensmäßigen Rechten liegt.[25] Currency Token und Utility Token fallen nicht unter den Wertpapierbegriff und damit nicht in den Anwendungsbereich des WpHG beziehungsweise der MiFID II.

Anteil an einem Investmentvermögen im Sinne des KAGB

Ein Token kann abhängig von der Ausgestaltung zudem als Anteil an einem Investmentvermögen im Sinne von § 1 Abs. 1 S. 1 KAGB qualifizieren. Das europarechtliche Pendant hierzu ist ein Anteil an einem Organismus für gemeinsame Anlagen im Sinne von Anhang I Abschnitt C Abs. 3 MiFID II.

Ein Investmentvermögen gemäß § 1 Abs. 1 S. 1 KAGB ist jeder Organismus für gemeinsame Anlagen, der von einer Anzahl von Anlegern Kapital einsammelt, um es nach einer festgelegten Anlagestrategie zum Nutzen dieser Anleger zu investieren und der kein operativ tätiges Unternehmen außerhalb des Finanzsektors ist. Diese Legaldefinition bildet den Oberbegriff für alle Fondstypen.[26] Am Beispiel eines Immobilienfonds wird deutlich, dass nur Investment Token und hybride Formen mit entsprechendem Schwerpunkt die Voraussetzungen für einen Anteil an einem Investmentvermögen im Sinne des KAGB erfüllen können.[27]

Immobilienfonds bündeln regelmäßig das Kapital von Anlegern, um es in eine Vielzahl von Gebäuden zu investieren. Durch den Kauf beziehungsweise Verkauf oder auch die Vermietung von Immobilien werden Gewinne generiert. Durch die Einbringung ihres Kapitals erlangen die Anleger ein Recht auf diese erwirtschafteten Erträge des

---

[25] BaFin, 2019b, S. 4.
[26] Volhard/Jang, 2021, KAGB § 1 Rn. 2.
[27] Vgl. Weitnauer, BKR 2018, 231 (234).

Fonds. Dieses Recht stellt einen vermögensmäßigen Anspruch dar, welcher in Form eines Investment Tokens digital abgebildet werden kann.

Currency Token und Utility Token verkörpern regelmäßig keine vermögensmäßigen Rechte, weshalb derart ausgestaltete Token nicht als Anteile an einem Investmentvermögen im Sinne des KAGB beziehungsweise als Anteile an einem Organismus für gemeinsame Anlagen im Sinne der MiFID II qualifizieren.

Vermögensanlage im Sinne des VermAnlG

Sofern ein Token nicht unter den Wertpapierbegriff des Wertpapierprospektgesetzes („**WpPG**") oder des soeben beschriebenen Begriffs des Anteils an Investmentvermögen im Sinne des KAGB fällt, kann er die Voraussetzungen des § 1 Abs. 2 VermAnlG erfüllen und somit nach § 2 Abs. 4 Nr. 7 WpHG in Form einer Vermögensanlage dennoch als Finanzinstrument im Sinne des WpHG behandelt werden. Die Wertpapierdefinition des § 2 Nr. 1 WpPG, die auf Art. 2 lit. a) der Verordnung (EU) 2017/1129 („**EU-Prospekt-VO**") i. V. m. Art. 4 Abs. 1 Nr. 44 MiFID II basiert, entspricht dem Begriff des Wertpapiers des WpHG, weshalb an dieser Stelle auf die Erläuterungen unter *Abschn. 2.2.1 Wertpapier im Sinne des WpHG* verwiesen werden kann.[28]

Eine Einordnung als Vermögensanlage ist ebenfalls subsidiär zur Qualifikation als Einlagengeschäft im Sinne des § 1 Abs. 1 S. 2 Nr. 1 KWG vorzunehmen. Zuletzt muss ein Instrument einen der in § 1 Abs. 2 Nr. 1 bis Nr. 7 VermAnlG beschriebenen Anwendungsfälle darstellen, um als Vermögensanlage zu qualifizieren. Die BaFin verdeutlicht in ihrem Hinweisschreiben, dass Token lediglich die Voraussetzungen einer *Unternehmensbeteiligung* (§ 1 Abs. 2 Nr. 1 VermAnlG), eines *patriarchischen Darlehens* (§ 1 Abs. 2 Nr. 3 VermAnlG), eines *Nachrangdarlehens* (§ 1 Abs. 2 Nr. 4 VermAnlG), eines *Genussrechts*

---

[28] Kumpan, 2020, WpHG § 2 Rn. 5.

(§ 1 Abs. 2 Nr. 5 VermAnlG) oder einer *sonstigen Anlage* (§ 1 Abs. 2 Nr. 7 VermAnlG) erfüllen können.[29]

Gleichermaßen ist für die Qualifikation als Vermögensanlage im Sinne des VermAnlG die konkrete Ausgestaltung der einzelnen Token entscheidend. Die von der BaFin genannten Instrumente dienen dem Emittenten regelmäßig zur Finanzierung ihrer Unternehmungen.[30] Currency Token sollen grundsätzlich eine Zahlungsfunktion erfüllen. Utility Token hingegen stellen einen Gutschein für eine bestimmte Dienstleistung dar. Generell verfolgt die Emission dieser beiden Token-Klassen damit nicht primär das Ziel der Mittelbeschaffung. Einen Finanzierungscharakter erfüllen lediglich Kryptowerte, die als Investment Token ausgestaltet sind, sodass eine aufsichtsrechtliche Einordnung als Vermögensanlage im Sinne des VermAnlG daher nur für derartig ausgestaltete Token in Betracht kommt.

2.2.2 Rechtsfolgen der Einordnung

Erfüllt ein Token die Voraussetzungen eines Finanzinstruments im Sinne des WpHG, löst dies verschiedene Rechtsfolgen aus. Sowohl Emittenten als auch Unternehmen, die Dienstleistungen im Zusammenhang mit derartigen Token anbieten, müssen die Vorgaben der Wertpapieraufsicht erfüllen. Aufgrund der Fülle an wertpapieraufsichtsrechtlichen Vorschriften werden im Folgenden nur die bedeutendsten Regelungen benannt.

Zunächst kann sich bei öffentlichen Angeboten von Token im Inland aus der Einordnung als Finanzinstrument eine Prospektpflicht ergeben. Für Investment Token, die den Wertpapierbegriff des WpHG beziehungsweise der MiFID II erfüllen, kann sich diese Pflicht aus Art. 3 Abs. 1 EU-Prospekt-VO ergeben, da der Wertpapierbegriff nach Art. 2 lit. a) EU-Prospekt-VO ebenfalls auf Art. 4 Abs. 1 Nr. 44 MiFID II verweist. Qualifiziert ein Token als Anteil an einem

---

[29] BaFin, 2018, S. 3.
[30] Schwarz van Berk. 2018, § 42 Rn. 4.

Investmentvermögen richtet sich die Pflicht zur Veröffentlichung von Verkaufsprospekten und wesentlichen Anlegerinformationen nach den verschiedenen Bestimmungen des KAGB. Eine Einordnung des öffentlich angebotenen Investment Tokens als Vermögensanlage hat die Pflicht zur Veröffentlichung eines Verkaufsprospekts nach § 6 VermAnlG zur Folge.

Des Weiteren müssen Emittenten und Dienstleister den verschiedenen Pflichten des WpHG nachkommen. Von besonderer Bedeutung sind hierbei die Verhaltens-, Organisations- und Transparenzpflichten des Abschnitts 11 des WpHG. Auch die Informationspflichten nach §§ 48 ff WpHG sind zu beachten. Die ESMA stellt in ihrer Empfehlung klar, dass insbesondere die Transparenzanforderungen der Richtlinie 2013/50/EU in Bezug auf Informationen über Emittenten, deren Wertpapiere zum Handel auf einem geregelten Markt zugelassen sind, von Emittenten, die Kryptotoken ausgeben, einzuhalten sind.[31] Diese Vorgaben wurden mit dem Gesetz zur Umsetzung der Transparenzrichtlinie-Änderungsrichtlinie[32] hauptsächlich in das WpHG übernommen und beinhalten vor allem periodische und laufende Offenlegungspflichten.

Die Qualifizierung eines Tokens als Finanzinstrument kann zudem zur Anwendung der Verordnung Nr. 596/2014, der Missbrauchsverordnung („**MAR**"), führen, da sich deren Anwendungsbereich ebenfalls am Begriff des Finanzinstruments im Sinne des MiFID II orientiert. Erfüllt der Token die zusätzlichen Voraussetzungen des Art. 2 MAR, sind nach Art. 14 und 15 MAR bezüglich des Tokens Insider-Geschäfte, die unrechtmäßige Weitergabe von Insider-Informationen und Marktmanipulationen verboten. Art. 17 MAR enthält zudem eine Ad-hoc-Publizitätspflicht.[33]

---

[31] ESMA, 2019, S. 23 f.
[32] BGBl I Nr. 46 2029.
[33] Kleinert/Mayer, EuZW 2019, 857 (860).

2.3 Einordnung in das Bankaufsichtsrecht

Um die Stabilität des Finanzsystems gewährleisten zu können, werden in Deutschland Unternehmen, die Bankgeschäfte oder Finanzdienstleistungen gewerbsmäßig oder in einem Umfang betreiben, der einen in kaufmännischer Weise eingerichteten Geschäftsbetrieb erfordert, bei ihrer Gründung und dem Betreiben ihrer Geschäfte grundsätzlich von der BaFin, der DBB beziehungsweise von der EZB direkt beaufsichtigt.[34] Die erlaubnispflichtigen Geschäfte werden von § 1 Abs. 1 S. 2 KWG (*Bankgeschäfte*) und § 1 Abs. 1a S. 2 KWG (*Finanzdienstleistungen*) definiert.

Zentraler Anknüpfungspunkt der Bankgeschäfte und Finanzdienstleistungen ist wie im Kapitalmarktrecht der Begriff des Finanzinstruments. Durch die Umsetzung der MiFID II wurden die Definitionen des § 2 WpHG und des § 1 KWG zwar angeglichen, sind aber mit Blick auf die Untergruppen nicht in Gänze identisch.[35]

2.3.1 Finanzinstrument im Sinne des KWG

Der bankaufsichtsrechtliche Begriff des Finanzinstruments wird in § 1 Abs. 11 S. 1 KWG definiert. In § 1 Abs. 11 S. 1 Nr. 10 KWG werden *Kryptowerte* explizit als Unterbegriff eines Finanzinstruments im Sinne des KWG genannt. Allerdings wurde diese Kategorie als Auffangtatbestand entwickelt, weshalb nachfolgend zunächst die vorrangigen Gruppen der *wertpapierähnlichen Finanzinstrumente,* der *Devisen und Rechnungseinheiten* sowie der *Derivate* erläutert werden.[36] Die rechtliche Einordnung der Token erfolgt wie im Kapitalmarktrecht abhängig von deren konkreten Ausgestaltung im Einzelfall.[37] Da zum Zeitpunkt der Erstellung des Werkes kein Fall bekannt ist, in dem Token in Analogie

---

[34] BaFin, 2019a.
[35] Kumpan, 2020, WpHG § 2 Rn. 5.
[36] BT-Drs 19/13.827 S. 110.
[37] BaFin, 2019b, S. 11.

zu Geldmarktinstrumenten oder Emissionszertifikaten ausgestaltet sind, wird an dieser Stelle nicht weiter auf diese Untergruppen des Finanzinstruments im Sinne des KWG eingegangen.

Wertpapierähnliche Finanzinstrumente

Hinsichtlich der wertpapierähnlichen Finanzinstrumente im Sinne des § 1 Abs. 11 S. 1 Nr. 1 bis 5 KWG kann aufgrund der Angleichung durch die MiFID II auf die Ausführungen des Abschn. 2.2.1 dieses Buchesverwiesen werden. Zur reinen Anlage dienende Investment Token können laut BaFin grundsätzlich die Voraussetzungen einer *Vermögensanlage im Sinne des VermAnlG* (Nr. 2), eines *Schuldtitels* (Nr. 3) oder eines *Investmentvermögens im Sinne des KAGB* (Nr. 5) erfüllen.[38] Utility Token und Currency Token qualifizieren nicht als wertpapierähnliche Finanzinstrumente.

Devisen oder Rechnungseinheiten

Devisen im Sinne des § 1 Abs. 11 S. 1 Nr. 6 KWG sind „auf fremde Währung lautende ausländische Zahlungsmittel mit Ausnahme von Sorten"[39]. Sorten sind Bargeld einer Währung, das im Ausland im Umlauf ist. Somit stellen alle bargeldlosen Zahlungsmittel einer fremden Währung, wie Bankguthaben, Wechsel, Schecks und Zahlungsanweisungen, Devisen dar.[40] Unter diesen Tatbestand lassen sich Token, auch Currency Token, nicht subsumieren, da sie, wie in Abschn. 1.2.1 dieses Buches detailliert erläutert, grundsätzlich nicht die Eigenschaften einer Währung erfüllen.

Allerdings besteht die Möglichkeit der Qualifizierung als Rechnungseinheit im Sinne des § 1 Abs. 11 S. 1 Nr. 6 KWG, die zwar keine

---

[38] BaFin, 2021.
[39] Schwennicke, 2021, KWG § 1 Rn. 249.
[40] BaFin, 2021.

gesetzlichen Zahlungsmittel sind, Devisen aber gleichgestellt werden.[41] Eine allgemeingültige Definition der Rechnungseinheit existiert nicht.[42] Die BaFin hat daher in der aufsichtsrechtlichen Verwaltungspraxis ein weites Verständnis des Begriffs der Rechnungseinheit etabliert.[43]

Nach Auffassung der Aufsichtsbehörde fallen privatrechtlich ausgegebene Komplementärwährungen wie Currency Token unter den Tatbestand der Rechnungseinheit.[44] Diese aufsichtsrechtliche Einordnung von Currency Token wurde vom deutschen Gesetzgeber in der Gesetzesbegründung zum Gesetz zur Umsetzung der Änderungsrichtlinie zur Vierten EU-Geldwäscherichtlinie bestätigt.[45] Die Literatur erachtet diese Meinung allerdings teils als kritisch.[46] Mitursächlich für die kritische Beurteilung der Einordnung ist ein Urteil des Kammergerichts Berlin[47], das die Qualifizierung des Bitcoin als Rechnungseinheit im Sinne von § 1 Abs. 11 S. 1 Nr. 6 KWG verneinte. Utility Token und Investment Token erfüllen aufgrund ihrer typischen Ausgestaltung regelmäßig nicht den Tatbestand einer Rechnungseinheit.

Derivate

Das KWG definiert Derivate in § 1 Abs. 11 S. 5 KWG grundsätzlich als Kauf, Tausch oder anderweitig ausgestaltete Festgeschäfte oder Optionsgeschäfte, die zeitlich verzögert zu erfüllen sind und deren Wert sich unmittelbar oder mittelbar vom Preis oder eines Basiswertes ableitet. Im Weiteren enthält § 1 Abs. 11 S. 5 lit. a) bis f) KWG einen Katalog von möglichen Basiswerten, welcher auf der MiFID II basiert.[48]

---

[41] Schwennicke, 2021, KWG § 1 Rn. 249.
[42] Spindler/Bille, WM 2014, 1357 (1361).
[43] Schäfer, 2016, KWG § 1 Rn. 287.
[44] BaFin, 2021.
[45] BT-Drs 19/13.827 S. 110.
[46] Spindler/Bille, WM 2014, 1357 (1362); Terlau, 2017, § 55a Rn. 161.
[47] KG, Urt. v. 25.09.2018 – (4) 161 Ss 28/18 (35/18).
[48] Schwennicke, 2021, KWG § 1 Rn. 269.

In dieser Aufzählung finden sich neben den eben erläuterten Rechnungseinheiten (lit. b)) ebenfalls Wertpapiere (lit. a)).

Da die ursprüngliche Begriffsbestimmung des Wertpapiers 2013 aus dem KWG gestrichen wurde, muss zu dessen Definition auf die MiFID II zurückgegriffen werden.[49] Demnach können jedenfalls Investment Token als Basiswert für Termingeschäfte dienen. Reine Utility Token hingegen qualifizieren nicht als Wertpapiere im Sinne des Art. 4 Abs. 1 Nr. 44 MiFID II. Sie können zudem nicht unter den Tatbestand einer Rechnungseinheit subsumiert werden, sodass eine Einordnung von Utility Token in den Katalog der Basiswerte derzeit nicht erfolgen kann. Currency Token hingegen können Bezugsgegenstand eines Termingeschäfts sein, da sie regelmäßig als Rechnungseinheiten eingestuft werden.

Kryptowerte

Seit 01.01.2020 können Kryptotoken subsidiär zu den anderen Untergruppen der Finanzinstrumente als Kryptowerte gemäß § 1 Abs. 11 S. 1 Nr. 10 KWG qualifizieren. Die Aufnahme dieses Begriffes erfolgte im Zuge der Umsetzung der 5. GW-RL in das deutsche Recht. Diese sieht eine Erweiterung des geldwäscherechtlichen Verpflichtetenkreises vor, um dem Missbrauchspotential virtueller Währungen entgegen zu wirken.[50] Daher umfasst der sachliche Anwendungsbereich der Richtlinie (EU) 2015/849 aufgrund der Änderung durch die 5. GW-RL nun auch Dienstleister, die virtuelle Währungen in Fiatgeld und umgekehrt tauschen (Art. 2 Abs. 1 Nr. 3 lit. g) der 5. GW-RL) und Anbieter von elektronischen Geldbörsen (Art. 2 Abs. 1 Nr. 3 lit. h) der 5. GW-RL).

Die europarechtlichen Vorgaben beziehen sich allerdings nur auf virtuelle Währungen, die in Art. 3 Nr. 18 der 5. GW-RL definiert werden als digitale Darstellungen eines Wertes, die von keiner Zentralbank oder öffentlichen Stelle emittiert wurden oder garantiert werden

---

[49] Maume, 2020, § 12 Rn. 17.
[50] ErwG 8 der RL (EU) 2018/843.

und nicht zwangsläufig an eine gesetzlich festgelegte Währung angebunden sind und die nicht den gesetzlichen Status einer Währung oder von Geld besitzen, aber von natürlichen oder juristischen Personen als Tauschmittel akzeptiert werden und die auf elektronischem Wege übertragen, gespeichert und gehandelt werden können.

Der deutsche Gesetzgeber hingegen hat bei der Umsetzung eine Erweiterung der Definition vorgenommen. Diese besteht zum einen in der Aufnahme von Zahlungsmitteln und Anlagen als Verwendungszwecke von Kryptowerten und zum anderen in der Ergänzung der Art und Weise wie diese Zwecke zu bestimmen sind. Kryptowerte im Sinne des KWG sind gemäß § 1 Abs. 11 S. 4 KWG digitale Darstellungen eines Wertes, der von keiner Zentralbank oder öffentlichen Stelle emittiert wurde oder garantiert wird und nicht den gesetzlichen Status einer Währung oder von Geld besitzt, aber von natürlichen oder juristischen Personen <u>aufgrund einer Vereinbarung oder tatsächlichen Übung</u> als Tausch- oder <u>Zahlungsmittel</u> akzeptiert wird oder <u>Anlagezwecken</u> dient und der auf elektronischem Wege übertragen, gespeichert und gehandelt werden kann [Hervorhebung durch die Verf.].

Um dem Erwägungsgrund 10 der 5. GW-RL zu entsprechen wurde zudem in § 1 Abs. 11 S. 5 KWG eine Bereichsausnahme aufgenommen, die E-Geld im Sinne des Zahlungsdiensteaufsichtsgesetzes („**ZAG**") und bestimmte monetäre Werte von der Definition ausnimmt.[51] Allerdings findet sich eine solche Negativ-Abgrenzung nicht im europäischen Wortlaut.

Der deutsche Gesetzgeber begründet die Erweiterung der Definition damit, dass die Beschränkung auf den Zweck als Tauschmittel in der gesetzlichen Begriffsbestimmung nicht mit Erwägungsgrund 10 der Änderungsrichtlinie im Einklang stehe.[52] Demnach sollen durch die 5. GW-RL „alle potentiellen Verwendungszwecke von virtuellen Währungen"[53] abgedeckt werden. Auch die aufgezählten Einsatzfelder von Token („als Tauschmittel, als Investition, als Wertauf-

---

[51] BT-Drs 19/13.827 S. 110.
[52] BT-Drs 19/13.827 S. 110.
[53] ErwG 10 der RL (EU) 2018/843.

bewahrungsprodukte oder zum Einsatz in Online-Kasinos"[54]) lassen auf einen weiteren Anwendungsbereich schließen als die tatsächliche Definition vorgibt. Zwar besteht grundsätzlich die Möglichkeit den Begriff des Tauschmittels weit auszulegen, sodass alle Arten von Token davon erfasst wären. Ein enges Begriffsverständnis scheint neben den Abweichungen zu Erwägungsgrund 10 auch aus ökonomischen Gesichtspunkten vorzugswürdig.[55]

Zudem sind Erwägungsgründe von Sekundärrecht rechtlich nicht verbindlich, Sekundärrecht gemäß Art. 288 Abs. 2 und 3 AEUV dagegen sehr wohl. Diesem Verständnis folgend erfasst die europarechtliche Definition der virtuellen Währung lediglich Currency Token. Investment Token und Utility Token fallen nicht unter den Anwendungsbereich, da sie nicht die Funktion eines Tauschmittels im engeren Sinne erfüllen.

Die Begriffsbestimmung der Kryptowerte in § 1 Abs. 11 S. 4 KWG hingegen erfasst aufgrund der ergänzten Verwendungszwecke auch Investment Token und bestimmte Utility Token.[56] Investment Token dienen naturgemäß der Anlage, weshalb deren Subsumtion unter die Definition unproblematisch erfolgen kann. Mangels gesetzlicher Definition des Anlagezwecks bedürfen Utility Token hingegen einer genaueren Betrachtung.[57]

Der Gesetzgeber gibt an, dass „reine elektronische Gutscheine auf Bezug von Waren oder Dienstleistungen des Emittenten oder eines Dritten im Austausch für die Leistung eines entsprechenden Gegenwertes, denen bestimmungsgemäß nur durch Einlösung gegenüber dem Emittenten eine wirtschaftliche Funktion zukommen soll und die daher nicht handelbar sind und aufgrund ihrer Ausgestaltung keine investorenähnliche Erwartungshaltung an die Wertentwicklung des Gutscheins oder an die allgemeine Unternehmensentwicklung des

---

[54] ErwG 10 der RL (EU) 2018/843.
[55] Vgl. hierzu Fromberger/Haffke/Zimmermann, BKR 2019, 377 (380); Zöllner, BKR 2020 117 (121).
[56] BT-Drs 19/13.827 S. 110.
[57] Resas/Ulrich/Geest, ZBB/JBB 1/2020, S. 26.

Emittenten oder eines Dritten wert- oder rechnungsmäßig abbilden"[58], nicht in den Anwendungsbereich der geldwäscherechtlichen Vorgaben fallen. Vermutlich beabsichtigt der deutsche Gesetzgeber mit dieser Begründung den Handel von Utility Token auf Sekundärmärkten zu regulieren.

Die *investorenähnliche Erwartungshaltung* wird in der Begründung nicht weiter erläutert. Anleger rechnen bei einer Investition regelmäßig mit einer Wertsteigerung ihres eingesetzten Kapitals. Sofern eine Nachfrage, nach der im Utility Token abgebildeten Leistung besteht und der Emittent des Token keine weiteren Token dieser Art ausgibt, steigt der Wert des Utility Tokens. Aus diesem Grund können Utility Token grundsätzlich einem Anlagezweck dienen. Die Voraussetzungen sind daher teils irreführend. Die investorenähnliche Erwartungshaltung ergibt sich nicht zwingend aus der Ausgestaltung des Tokens durch den Emittenten, sondern vielmehr durch das Interesse des Marktes.

Des Weiteren ist die Schlussfolgerung, dass Token, denen *bestimmungsgemäß* nur durch Einlösung gegenüber dem Emittenten eine wirtschaftliche Funktion zukommen soll und sie daher unhandelbar sind, falsch.[59] Zwar kann eine vertragliche Vereinbarung des Tokens vorsehen, dass der Token zweckmäßig nur gegenüber dem Emittenten eingelöst werden kann. Durch die Aufnahme des Merkmals der tatsächlichen Übung verdeutlicht der Gesetzgeber sogar selbst, dass Token grundsätzlich abweichend von Vereinbarungen mit dem Emittenten de facto für andere Zwecke verwendet werden können. Durch die Möglichkeit Utility Token an einem Sekundärmarkt handeln zu können, können diese auch gegenüber anderen Marktakteuren einen ökonomischen Wert entfalten. Ein Handel von Utility Token kann lediglich durch den Emittenten selbst bei deren Ausgabe durch einen sogenannten Lock-Up unterbunden werden.[60] Dies ist eine „technische Übertragungssperre"[61], die nach erstmaliger Auskehrung des Tokens

---

[58] BT-Drs 19/13.827 S. 110.
[59] So auch Fromberger/Haffke/Zimmermann, BKR 2019, 377 (384).
[60] Fromberger/Haffke/Zimmermann, BKR 2019, 377 (384).
[61] Fromberger/Zimmermann, 2020, § 1 Rn. 68.

an den öffentlichen Schlüssel des Käufers weitere Zuordnungen zu anderen öffentlichen Schlüsseln verhindert. Die fehlende Handelbarkeit ergibt sich demnach nicht aus der Bestimmung des Token, sondern aus dessen technischer Ausgestaltung. Zudem wird in der Definition des § 1 Abs. 11 S. 4 KWG bereits die Handelbarkeit zur Qualifikation als Kryptowert vorausgesetzt, weshalb eine erneute Nennung fragwürdig erscheint.

Bei der bankaufsichtsrechtlichen Einordnung von Utility Token ist demnach zunächst zu prüfen, ob den Käufern des Tokens aus einer Vereinbarung investorenähnliche Erwartungen, wie z. B. eine Wertsteigerung des eingesetzten Kapitals, erwachsen können. Ist dies nicht der Fall, ist die tatsächliche Verwendung zu betrachten. Bei einer Erstemission ist dies allerdings nicht möglich, sodass Utility Token, denen keine entsprechende Vereinbarung zugrunde liegt, zunächst nicht unter die Definition eines Kryptowerts nach § 1 Abs. 11 S. 4 KWG fallen.

Nach der Bereichsausnahme des § 1 Abs. 11 S. 5 KWG fallen E-Geld sowie bestimmte Zahlungsinstrumente und -vorgänge im Sinne des ZAG nicht unter den Begriff der Kryptowerte. Eine Qualifikation eines Kryptowerts als E-Geld im Sinne des § 1 Abs. 2 S. 3 ZAG, basierend auf der Richtlinie 2009/110/EG, setzt voraus, dass die Ausgabe der Token gegen gesetzliche Zahlungsmittel sowie unter Gewährung eines Rückzahlungsanspruchs erfolgt und dass Dritte die Token als Zahlungsmittel akzeptieren.[62] Diese Bereichsausnahme steht im Einklang mit der Auffassung der EBA, dass Kryptowerte grundsätzlich als E-Geld qualifizieren können.[63] Werden Token eines Kryptowertes in Verbundzahlungssystemen und für Zahlungsvorgänge von Anbietern elektronischer Kommunikationsnetze oder -dienste verwendet, sind sie ebenfalls vom Anwendungsbereich des KWG ausgenommen.[64]

---

[62] BaFin, 2019b, S. 10.
[63] EBA, 2019.
[64] Resas/Ulrich/Geest, ZBB/JBB 1/2020, S. 27.

2.3.2 Rechtsfolgen der Einordnung

Die Einordnung eines Kryptotoken als Finanzinstrument im Sinne des KWG zieht verschiedene Rechtsfolgen nach sich. Von größter Bedeutung für das Aufsichtsrecht ist das Erfordernis einer Erlaubnis für bestimmte, gewerbsmäßige oder in einem Umfang, der einen in kaufmännischer Weise eingerichteten Geschäftsbetrieb erforderte Tätigkeiten. Die Erlaubnispflichten können dabei aus dem *KWG*, dem *ZAG* oder dem *KAGB* erwachsen. Wer den Tatbestand einer erlaubnispflichtigen Tätigkeit erfüllt, qualifiziert als *Kredit- beziehungsweise Finanzdienstleistungsinstitut*, *Kapitalverwaltungsgesellschaft* oder *Zahlungsinstitut*. Diese Gruppen haben gemäß § 2 Abs. 1 des Geldwäschegesetzes („**GwG**") als Verpflichtete die geldwäscherechtlichen Vorschriften zu beachten.

Zwar knüpfen die verschiedenen Erlaubnistatbestände regelmäßig an die konkrete Tätigkeit und nicht an die Person des Ausführenden selbst an. Zur besseren Übersichtlichkeit wird nachstehend dennoch erläutert, welche erlaubnispflichtigen Tätigkeiten für die einzelnen in Abschn. 1.4 dieses Buches beschriebenen Marktakteure von Relevanz sind. Auf die Einzelheiten der Tatbestände wird nur eingegangen, sofern sich für kryptobezogene Tätigkeiten Besonderheiten ergeben. In der Regel ist dies allerdings nicht der Fall.[65]

Emittenten

Für die erforderlichen Erlaubnisse von Emittenten sollte zwischen der *Schaffung*, der *Ausgabe* und dem *öffentlichen Anbieten* der Token unterschieden werden. Die Schaffung der Token durch Initiierung des Kryptowertes stellt keine erlaubnispflichtige Tätigkeit dar.[66] Darin lässt sich keine Gewerbsmäßigkeit erkennen. Es besteht regelmäßig die Möglichkeit Vermögenswerte für den Eigenbedarf zu tokenisieren, ohne

---

[65] BaFin, 2019b, S. 12.
[66] BaFin, 2019b, S. 12.

diese auf den Finanzmärkten unterbringen zu wollen. Eine Regulierung der reinen Schaffung wäre daher zu weitgehend.

Auch das erstmalige Anbieten von Kryptotoken eines Emittenten gegenüber Dritten qualifiziert nicht als erlaubnispflichtige Tätigkeit.[67] Erst mit Ausgabe der Token kann eine Erlaubnis erforderlich werden. Dies ist von der Ausgestaltung der Token und den mit ihnen verbundenen Rechten abhängig.[68] Bei einer Ausgabe der Token gegen Bar- oder Buchgeld könnte die Emission als *Betreiben des Einlagengeschäfts* im Sinne des § 1 Abs. 1 S. 2 Nr. 1 KWG einzustufen sein und somit eine Erlaubnispflicht nach § 32 Abs. 1 S. 1 KWG auslösen, sofern der Emittent die Token bei Initialisierung des Kryptowertes mit einem unbedingten Rückzahlungsversprechen gegenüber den Investoren ausgestattet hat.[69] Die Ausgabe gegen Komplementärwährungen, wie Token eines anderen Kryptowertes, erfüllt nicht die Voraussetzung des Einlagengeschäfts.[70] Gibt ein Unternehmen eigens erstellte Token beispielsweise nur gegen Bitcoins oder Ether aus, muss es keine Erlaubnis nach KWG beantragen. Bei Qualifikation der Emission als Einlagengeschäft nach § 1 Abs. 1 S. 2 Nr. 1 KWG ist der Emittent als Kreditinstitut einzustufen und somit nach § 2 Abs. 1 Nr. 1 GwG zur Einhaltung der geldwäscherechtlichen Vorgaben verpflichtet.

Sofern die Token neben der Ausgabe der Token gegen gesetzliche Zahlungsmittel und der Gewährung eines bedingungslosen Rückzahlungsanspruchs auch von Dritten als Zahlungsmitteln akzeptiert werden, ist die KWG-Erlaubnis aufgrund der Bereichsausnahme des § 1 Abs. 11 S. 5 KWG nicht einschlägig. Stattdessen benötigt der Emittent eine Erlaubnis nach § 11 ZAG zum *Betreiben des E-Geld-Geschäfts*.[71] In diesem Fall ist der Emittent nach § 2 Abs. 1 Nr. 3 GwG den Pflichten des Geldwäscherechts unterworfen.

---

[67] BaFin, 2019b, S. 12.
[68] Maume, 2020, § 12 Rn. 86.
[69] BaFin, 2019b, S. 9, Schwennicke, 2021, KWG § 1 Rn. 11 f.
[70] BaFin, 2014b.
[71] BaFin, 2019b, S. 10.

Unter bestimmten Voraussetzungen könnte der Initiator eines Kryptowertes zudem als *Betreiber einer Kapitalverwaltungsgesellschaft* einzustufen sein, was gemäß §§ 44 Abs. 1 S. 1 Nr. 1, 20 Abs. 1 KAGB eine Erlaubnispflicht nach sich zieht.[72] Bedingt wird dieses Erfordernis sofern der Emittent gemäß § 1 Abs. 1 KAGB zusichert, dass über die Emission eingesammelte Kapital nach einer festgelegten Anlagestrategie zum Nutzen der Anleger zu investieren. Durch die Qualifikation als Kapitalverwaltungsgesellschaft fällt der Emittent in den geldwäscherechtlichen Verpflichtetenkreis nach § 2 Abs. 1 Nr. 9 GwG.

Wallet-Anbieter

Die von durch Art. 2 Abs. 1 Nr. 3 lit. h) der 5. GW-RL aufgeworfene Pflicht ebenfalls Anbieter von elektronischen Geldbörsen geldwäscherechtlich zu beaufsichtigen, wurde in Deutschland durch die Einführung des *Kryptoverwahrgeschäftes* realisiert. Ein Anbieter von elektronischen Geldbörsen ist nach Art. 3 Nr. 18 der 5. GW-RL ein Anbieter, der Dienste zur Sicherung privater kryptografischer Schlüssel im Namen seiner Kunden anbietet, um virtuelle Währungen zu halten, zu speichern und zu übertragen.

Der deutsche Gesetzgeber hat, statt Aufnahme eines neuen Verpflichteten in § 2 GwG, das Kryptoverwahrgeschäft als neue Art der Finanzdienstleistung in den erlaubnispflichtigen Katalog unter § 1 Abs. 1a S. 2 Nr. 6 KWG eingefügt, sodass Kryptoverwahrer als Finanzdienstleistungsinstitute nun in den Verpflichtetenkreis nach § 2 Abs. 1 Nr. 2 GwG fallen.[73] Die rechtlichen Folgen für in Deutschland tätige Anbieter von elektronischen Geldbörsen sind damit weitreichender als vom europäischen Gesetzgeber beabsichtigt. Ziel der europäischen Vorgaben war es nicht, Wallet-Anbieter unter einen Erlaubnisvorbehalt zu stellen, sondern lediglich deren Tätigkeiten geldwäscherechtlich zu

---

[72] BaFin, 2019b, S. 10.
[73] BT-Drs 19/13.827, S. 109.

überwachen.[74] Der deutsche Gesetzgeber begründet sein extensiveres Vorgehen mit der Erforderlichkeit Kunden vor den mit Kryptowerten nicht unerheblich einhergehenden Risiken zu schützen.[75]

Nach § 1 Abs. 1a S. 2 Nr. 6 KWG erbringt ein Dienstleister das Kryptoverwahrgeschäft, wenn er *Kryptowerte oder private kryptografische Schlüssel,* die dazu dienen, Kryptowerte zu halten, zu speichern oder zu übertragen, *für andere verwahrt, verwaltet und sichert.* Grundsätzlich reicht das Vorliegen einer der Varianten zur Erfüllung des Tatbestandes des Kryptoverwahrgeschäftes bereits aus.[76] Auch hier geht der deutsche Gesetzgeber über das erforderte Maß der europäischen Vorgaben hinaus. Die europarechtliche Definition des Anbieters von elektronischen Geldbörsen bezieht sich nur auf virtuelle Währungen, die nur Currency Token umfassen. Durch die Verwendung des Begriffs der Krypowerte wird der Anwendungsbereich der deutschen Definition ebenfalls auf Investment Token und gewisse Utility Token erweitert, sodass eine umfassende Regulierung des Kryptomarktes erfolgt.

Nach Auffassung des Gesetzgebers ist das Kryptoverwahrgeschäft subsidiär gegenüber dem Depotgeschäft sowie dem eingeschränkten Verwahrgeschäft zu sehen.[77] Teile der Literatur sowie die BaFin sind allerdings trotz einiger Parallelen zum Depotgeschäft der Meinung, dass, mangels Verbriefung des im Token abgebildeten Rechts, die Verwahrung von Kryptotoken keinesfalls als Depotgeschäft nach § 1 Abs. 1 S. 2 Nr. 5 KWG eingestuft werden kann und diese Subsidiarität daher unerheblich ist.[78] Dennoch kann bei der Auslegung der Tatbestandsmerkmale auf die Verwaltungspraxis der BaFin hinsichtlich des Depotgeschäfts zurückgegriffen werden.[79]

In Anlehnung an die Verwahrtätigkeit des Depotgeschäfts versteht der deutsche Gesetzgeber die *Verwahrung* im Sinne des § 1 Abs.

---

[74] ErwG 8 der RL (EU) 2018/843.
[75] BT-Drs 19/13.827, S. 109.
[76] BT-Drs 19/13.827, S. 109.
[77] BT-Drs 19/13.827, S. 109.
[78] BaFin, 2020a; Maume, 2020, § 12 Rn. 79; Rennig, BKR 2020, 23 (27).
[79] Maume, 2020, § 12 Rn. 84; Rennig, BKR 2020, 23 (28).

1a S. 2 Nr. 6 KWG als die Inobhutnahme der Kryptowerte als Dienstleistung für Dritte.⁸⁰ Die Gesetzesbegründung verweist dabei ausdrücklich auf die Erfassung von Dienstleistern, „die Kryptowerte ihrer Kunden in einem Sammelbestand aufbewahren, ohne dass die Kunden selbst Kenntnis von den dabei verwendeten kryptografischen Schlüsseln haben"⁸¹. Inobhutnahme bedeutet die Überführung des Tokens in den Herrschaftsbereich des Dienstleisters, sodass der Token für den Dienstleister zugänglich ist.⁸² In den Herrschaftsbereich einer anderen Person gelangt ein Token durch Zuordnung zu dessen öffentlichen Schlüssel. Die in Abschn. 1.4.2 erläuterten Wallets beziehen sich lediglich auf die Verwahrung von privaten Schlüsseln und eben nicht von Kryptowerten selbst. Sogenannte „Omnibus Wallets" und „Multi Signature Wallets" dürften den Tatbestand der Verwahrung allerdings regelmäßig erfüllen.⁸³

Hinsichtlich der *Verwaltung* orientiert sich der Gesetzgeber ebenfalls am Depotgeschäft.⁸⁴ Verwaltung im Rahmen des Kryptoverwahrgeschäftes meint „im weitesten Sinne die laufende Wahrnehmung der Rechte aus dem Kryptowert"⁸⁵. Neben dem Recht zur Veräußerung des Kryptowertes dürfte beispielsweise auch die Ausübung von Stimm- oder Mitverwaltungsrechten oder die Nutzung der mit dem Token verknüpften Dienstleistung als Verwaltungstätigkeit angesehen werden. Zur laufenden Wahrnehmung des Veräußerungsrechts oder der Inanspruchnahme der Dienstleistung muss dem Dienstleister jedenfalls Zugriff auf den privaten Schlüssel des Inhabers gewährt werden. Erfüllt der Dienstleister lediglich Benachrichtigungs- oder Überwachungspflichten, ist eine Offenlegung des privaten Schlüssels seitens des Inhabers gegenüber dem Dienstleister nicht notwendig.⁸⁶

---

[80] BT-Drs 19/13.827, S. 109; Resas/Ulrich/Geest, ZBB/JBB 1/2020, S. 29.
[81] BT-Drs 19/13.827, S. 109.
[82] Behrens/Schadtle, WM 2019, 2099 (2103); Schwennicke, 2021, KWG § 1 Rn. 50.
[83] Resas/Ulrich/Geest, ZBB/JBB 1/2020, S. 29.
[84] Resas/Ulrich/Geest, ZBB/JBB 1/2020, S. 30.
[85] BT-Drs 19/13.827, S. 109.
[86] Schwennicke, 2021, KWG § 1 Rn. 51.

Als *Sicherung* wird „sowohl die als Dienstleistung erbrachte digitale Speicherung der privaten kryptografischen Schlüssel Dritter, als auch die Aufbewahrung physischer Datenträger (z. B. ein USB-Stick oder ein Blatt Papier), auf denen solche Schlüssel gespeichert sind"[87], verstanden. Zu beachten ist hierbei, dass bei autonomer Nutzung der Hard- oder Software durch den Dienstleistungsnehmer ohne bestimmungsgemäße Zugriffsmöglichkeit des Dienstleisters auf die hinterlegten Informationen, keine erlaubnispflichtige Tätigkeit nach § 1 Abs. 1a S. 2 Nr. 6 KWG vorliegt.[88] Eine Person, die ihre Token innerhalb eines Hardware- oder Paper-Wallets sichert, das sich in ihrem Herrschaftsbereich befindet, qualifiziert demnach nicht als erlaubnispflichtiger Kryptoverwahrer. Übergibt sie hingegen das Hardware- oder Paper-Wallet an einen Dritten, erfüllt dieser bei gewerbsmäßiger Durchführung der Dienstleistung den Tatbestand eines Kryptoverwahrers. Auch die Zurverfügungstellung eines Software-Wallets stellt keine Kryptoverwahrung im Sinne des § 1 Abs. 1a S. 2 Nr. 6 KWG dar, da die Dienstleistung in der Erstellung der Software und nicht in der Speicherung des Kryptowertes beziehungsweise des privaten Schlüssels zu sehen ist.[89] Die Bereitstellung eines Online-Wallets hingegen qualifiziert regelmäßig als Kryptoverwahrung im Sinne des KWG.[90] Hiervon ausgenommen werden lediglich Dienstleister, die „ihre Dienste nicht ausdrücklich für die Speicherung der privaten kryptografischen Schlüssel anbieten"[91]. Lädt ein Token-Inhaber beispielsweise ein klassisches Word-Dokument, das seine privaten Schlüssel enthält, in einem Cloudspeicher wie OneDrive hoch, unterfällt Microsoft nicht der Bankenaufsicht.

Das Tatbestandsmerkmal *für andere* ist erfüllt, sofern die Tätigkeit für einen Dritten außerhalb des eigenen Unternehmens, nicht im

---

[87] BT-Drs 19/13.827, S. 109.
[88] BT-Drs 19/13.827, S. 109.
[89] Behrens/Schadtle, WM 2019, 2099 (2103); Resas/Ulrich/Geest, ZBB/JBB 1/2020, S. 31.
[90] Behrens/Schadtle, WM 2019, 2099 (2103).
[91] BT-Drs 19/13.827, S. 109.

Wege der offenen Stellvertretung, durchgeführt wird.⁹² Da bei einer Eigenverwahrung mangels Anbieter-Nutzer-Verhältnis kein Anlass zum Kundenschutz besteht und sie gleichwohl keine Risiken für die Märkte realisiert, erscheint es zielgerichtet diese Form der Kryptoverwahrung nicht unter die Aufsicht der BaFin zu stellen.

Ein Wallet-Anbieter muss eine Erlaubnis nach §§ 32 Abs. 1 S. 1, 1 Abs. 1a S. 2 Nr. 6 KWG nur beantragen, sofern er die Kryptoverwahrung gewerbsmäßig oder in einem Umfang, der einen in kaufmännischer Weise eingerichteten Geschäftsbetrieb erfordert, erbringt. Die BaFin hat sich hinsichtlich der Auslegung dieses Merkmals bislang noch nicht geäußert. In Analogie zum Depotgeschäft dürfte bei der Verwahrung der kryptografischen Schlüssel für fünf oder mehr Kunden oder von insgesamt mindestens 25 Kryptowerten von einer gewerbsmäßigen Erbringung auszugehen sein.⁹³

Betreiber von Handelsplattformen

In der Praxis bieten Dienstleister meist neben der Verwahrung der Kryptotoken oder der privaten Schlüssel auch den Handel mit diesen an.⁹⁴ In diesem Fall reicht die Erlaubnis für das Kryptoverwahrgeschäft allein nicht aus. Zudem müssen Handelsplattformen, die nur den gewerbsmäßigen Handel von Kryptowerten als Dienstleistung erbringen wollen, ebenfalls eine Erlaubnis nach § 32 Abs. 1 S. 1 KWG einholen. Die zugrunde liegende erlaubnispflichtige Tätigkeit richtet sich dabei nach der konkreten Ausgestaltung der Plattform, die grundsätzlich sehr verschieden sein kann.⁹⁵

Nach Ansicht der BaFin kommt bei Betreibern von Handelsplattformen als erlaubnispflichtige Tätigkeit das *Betreiben des Finanzkommissionsgeschäft* nach § 1 Abs. 1 S. 2 Nr. 4 KWG, des

---

⁹² BaFin, 2020a.
⁹³ Rennig, BKR 2020, 23 (28).
⁹⁴ Behrens/Schadtle, WM 2019, 2099 (2102).
⁹⁵ Patz, BKR 2019, 435 (436).

Emissionsgeschäfts nach § 1 Abs. 1 S. 2 Nr. 10 KWG, eines *multilateralen Handelssystems* („**MTF**") nach § 1 Abs. 1a S. 2 Nr. 1b KWG oder eines *organisierten Handelssystems* („**OTF**") nach § 1 Abs. 1a S. 2 Nr. 1d KWG sowie das *Erbringen von Anlage- oder Abschlussvermittlung* nach § 1 Abs. 1a S. 2 Nr. 1 oder Nr. 2 KWG, von *Anlageberatung* nach § 1 Abs. 1a S. 2 Nr. 1a KWG, von *Platzierungsgeschäften* nach § 1 Abs. 1a S. 2 Nr. 1c KWG, von *Finanzportfolioverwaltung* nach § 1 Abs. 1a S. 2 Nr. 3 KWG, von *Eigenhandel* nach § 1 Abs. 1a S. 2 Nr. 4 KWG und von *Anlageverwaltung* nach § 1 Abs. 1a S. 2 Nr. 11 KWG in Betracht.[96]

Erfüllt eine Plattform einen Tatbestand eines Bankgeschäfts des § 1 Abs. 1 S. 2 KWG, stellt sie ein Kreditinstitut dar und unterliegt gemäß § 2 Abs. 1 Nr. 1 GwG den geldwäscherechtlichen Verpflichtungen. Wird die Handelsplattform im Rahmen einer erlaubnispflichtigen Finanzdienstleistung nach § 1 Abs. 1a S. 2 KWG tätig, qualifiziert sie als Finanzdienstleistungsinstitut und ist damit Verpflichtete im Sinne des § 2 Abs. 1 Nr. 2 GwG.

Finanzkommissionsgeschäft

Hinsichtlich der Erfüllung des erlaubnispflichtigen Finanzkommissionsgeschäfts hat die BaFin auf Grundlage der gesetzlichen Definition des § 1 Abs. 1 S. 2 Nr. 4 KWG eigens vier Tatbestandsmerkmale für Kryptoplattformen formuliert.[97] Zunächst muss den einzelnen Teilnehmern der Plattform gegenüber ein *Direktionsrecht* bezüglich der Transaktionsdetails, wie Zahl und Preis der Geschäfte, zustehen. Des Weiteren müssen die Handelspartner einander *unbekannt* sein. Das Geschäft muss zudem von der Handelsplattform *im eigenen Namen für Rechnung der Handelspartner* erfolgen, was bedeutet, dass die wirtschaftlichen Vor- und Nachteile aus der Transaktion die Handelspartner selbst und nicht die Plattform treffen müssen. Zuletzt muss die Plattform den

---

[96] BaFin, 2019b, S. 11 f.
[97] Hierzu und im Folgenden: BaFin, 2020b.

Teilnehmern gegenüber die *Verpflichtung* eingehen, über den Ablauf der Transaktionen *zu berichten* sowie den gehandelten Kryptowerten *zu übertragen*. Mit Blick auf die in Abschn. 1.4.2 beschriebenen Kryptodienstleister erfüllen zentral strukturierte Handelsplattformen wohl regelmäßig den Tatbestand des Finanzkommissionsgeschäfts gemäß § 1 Abs. 1 S. 2 Nr. 4 KWG.[98] Dies führt neben der Pflicht zur Erlaubniseinholung beim Handel von Investment Token nach § 2 Abs. 8 Nr. 1 WpHG i. V. m. § 82 WpHG zur Pflicht der Handelsplattform ihre Kundenaufträge bestmöglich auszuführen.[99]

Multilaterales Handelssystem

Die größte Bedeutung im Markt hat das Betreiben eines MTF.[100] Nach § 1 Abs. 1a S. 2 Nr. 1b KWG liegt ein solches System vor, wenn es die *Interessen einer Vielzahl von Personen* am Kauf und Verkauf von *Finanzinstrumenten* innerhalb des Systems und *nach festgelegten Bestimmungen* in einer Weise *zusammenbringt*, die zu einem Vertrag über den Kauf dieser Finanzinstrumente führt. Maßgeblich ist die Existenz eines Regelwerks, das Vorschriften zur Mitgliedschaft, zur Aufnahme des Handels in Finanzinstrumente, zum Handel zwischen den Mitgliedern, zu Meldungen über abgeschlossene Geschäfte sowie zu Transparenzpflichten enthält.[101]

Entscheidend ist außerdem, dass die Mitglieder des Systems selbst nicht ihren Vertragspartner bestimmen können; denn die Zusammenführung hat automatisch über Software oder Protokolle zu erfolgen.[102] Der Handel erfolgt demnach nicht bilateral mit dem Betreiber der Plattform, sondern zwischen der Vielzahl an Mitgliedern des Systems. Diesem kommt folglich eine „Marktplatzfunktion"[103] zu. Der Betreiber

---

[98] So auch Maume, 2020, § 12 Rn. 70.
[99] Patz, BKR 2019, 435 (440).
[100] Maume, 2020, § 12 Rn. 47.
[101] BT-Drs 16/4028, 56.
[102] BaFin, 2020b.
[103] Schwennicke, 2021, KWG § 1 Rn. 100.

des Systems bringt ausschließlich die Parteien eines potentiellen Geschäfts zusammen, weshalb lediglich dezentral strukturierte Handelsplattformen bei Vorliegen eines entsprechenden Regelwerkes die Voraussetzungen des Betreibens eines MTF erfüllen.

Zentrale Handelsplattformen können nur als MTF qualifizieren, sofern sie in dem zugrunde liegenden Regelwerk festlegen, dass die wirtschaftlichen Folgen des Handels die Mitglieder allein treffen.[104] Dies wäre für die Ausgestaltung einer zentral strukturierten Handelsplattform allerdings ungewöhnlich.

Nach Ansicht der BaFin erfüllen Plattformen, bei denen Nutzer die Transaktion ihrer eingestellten Kryptowerte an die Erreichung einer Preisschwelle knüpfen, den Tatbestand eines MTF.[105] Auch bei dem Betreiben eines MTF finden durch den Handel von Investment Token die Anforderungen der §§ 63 ff WpHG, insbesondere der §§ 72 und 74 WpHG, Anwendung.[106]

Organisiertes Handelssystem

Ähnlich eines MTF erfolgt das Betreiben eines OTF im Sinne des § 1 Abs. 1a S. 2 Nr. 1d KWG, was gleichfalls eine erlaubnispflichtige Finanzdienstleistung darstellt. Bei einem OTF handelt es sich ebenfalls um ein multilaterales System, das aber *kein organisierter Markt oder MTF* ist und die *Interessen einer Vielzahl Dritter* am Kauf und Verkauf von *Schuldverschreibungen, strukturierten Finanzprodukten, Emissionszertifikaten oder Derivaten* innerhalb des Systems auf eine Weise *zusammenführt,* die zu einem Vertrag über den Kauf dieser Finanzinstrumente führt.

Entscheidender Unterschied zu MTF ist der *Ermessensspielraum,* der den Betreibern beispielsweise hinsichtlich der Zusammenführung von Teilnehmern, der Zugangsgewährung oder der Weiterleitung von Aufträgen

---

[104] Maume, 2020, § 12 Rn. 50.
[105] BaFin, 2020b.
[106] Patz, BKR 2019, 435 (438).

zusteht.[107] Da auf OTF nur Schuldtitel im Sinne von § 1 Abs. 11 S. 1 Nr. 3 KWG gehandelt werden können, können dementsprechend nur Geschäfte über Investment Token, die ähnlich einem solchen Schuldtitel ausgestaltet sind, über ein OTF abgeschlossen werden.[108] Dies führt wiederum zur Verpflichtung des Betreibers des OTF die besonderen Anforderungen der §§ 72 und 75 WpHG einzuhalten.[109]

Eigenhandel

Des Weiteren kann eine Krypto-Dienstleistung als das Betreiben von Eigenhandel qualifizieren. Voraussetzung hierfür ist gemäß § 1 Abs. 1a Nr. 4 lit. a) KWG das *kontinuierliche Anbieten des An- und Verkaufs* von *Finanzinstrumenten* zu *selbst gestellten Preisen für eigene Rechnung* unter *Einsatz des eigenen Kapitals* oder gemäß § 1 Abs. 1a Nr. 4 lit. c) KWG das *Anschaffen oder Veräußern* von *Finanzinstrumenten für eigene Rechnung als Dienstleistung für andere*.

Notwendig ist die Abgrenzung zum erlaubnisfreien Eigengeschäft im Sinne des § 1 Abs. 1a S. 3 KWG. Die BaFin führt hierzu aus, dass die Dienstleistung statt zum Zwecke der bloßen Marktteilnahme einen besonderen Beitrag zur Schaffung und Erhaltung des Marktes leisten muss.[110] Marktpflege, Festpreis- und Aufgabegeschäfte sowie Clearing und Interessen wahrende Transaktionen sind regelmäßig im Sinne des Eigenhandels zu qualifizieren.[111]

Die BaFin stuft zudem den Wechsel von Currency Token in gesetzliche Währungen und umgekehrt als Eigenhandel ein, sofern der Händler öffentlich damit wirbt, regelmäßig An- und Verkäufe solcher Token zu tätigen.[112] Mit Blick auf das Zweite Hinweisschreiben der BaFin ist davon auszugehen, dass zudem der Wechsel von Invest-

---

[107] Schwennicke, 2021, KWG § 1 Rn. 107e.
[108] Maume, 2020, § 12 Rn. 60; Schwennicke, 2021, KWG § 1 Rn. 107 f.
[109] Maume, 2020, § 12 Rn. 59.
[110] BaFin, 2020b.
[111] Schwennicke, 2021, KWG § 1 Rn. 125.
[112] BaFin, 2020b.

ment Token und Utility Token in gesetzliche Währungen und andersherum auf eigene Rechnung vom Tatbestand des Eigenhandels erfasst ist.[113] Da der Gesetzeslaut nicht angibt, welche Art der Gegenleistung beim Handel des Finanzinstruments erfolgen muss, liegt es nahe, dass ein Tausch von Token eines Kryptowertes gegen Token eines anderen Kryptowertes auf eigene Rechnung ebenfalls als Eigenhandel einzustufen ist.[114] Kryptowechselstellen wie anycoindirect oder stormgain würden demzufolge eine Erlaubnis nach § 32 Abs. 1 S. 1 KWG benötigen.

Eine Einordnung von Krypto-Dienstleistungen als *systematische Internalisierung* als Sonderform des Eigenhandels gemäß § 1 Abs. 1a S. 2 Nr. 4 lit. b) KWG ist ebenfalls möglich. Demnach liegt eine systematische Internalisierung bei Eigenhandel durch das häufige organisierte und systematische Betreiben von Handel für eigene Rechnung in erheblichem Umfang außerhalb eines organisierten Marktes oder eines multilateralen oder organisierten Handelssystems, wenn Kundenaufträge außerhalb eines geregelten Marktes oder eines multilateralen oder organisierten Handelssystems ausgeführt werden, ohne dass ein multilaterales Handelssystem betrieben wird, vor. Ob ein häufiger systematischer Handel vorliegt, bemisst sich nach § 1 Abs. 1a S. 5 KWG; ob ein Handel in erheblichen Umfang vorliegt nach § 1 Abs. 1a S. 6 KWG.

Zentrales Element der Definition für die Einordnung von Handelsplattformen ist die regelmäßige Durchführung der Token-Transaktionen auf eigene Rechnung. Eine zentral strukturierte Handelsplattform, die regelmäßig Geschäfte über ihre eigenen öffentlichen Schlüssel ausführt und dafür Token aus den eigenen Beständen verwendet, wird aller Voraussicht nach als systematische Internalisiererin einzustufen sein.[115] Auch im Rahmen der systematischen Internalisierung wird gemäß § 2 Abs. 8 Nr. 2 lit. b) WpHG bei der Abwicklung von Geschäften über Investment Token eine Wertpapierdienstleistung erbracht, woraus ebenfalls weitere Verpflichtungen nach dem WpHG erwachsen.[116]

---

[113] BaFin, 2019b, S. 11.
[114] Maume, 2020, § 12 Rn. 64.
[115] Patz, BKR 2019, 435 (438).
[116] Maume, 2020, § 12 Rn. 68.

Anlage- und Abschlussvermittlung

Handelsplattformen für Kryptowerte können zudem in Form der Anlagevermittlung oder der Abschlussvermittlung betrieben werden. Nach § 1 Abs. 1a S. 2 Nr. 1 KWG ist Anlagevermittlung die Vermittlung von Geschäften über die Anschaffung und die Veräußerung von Finanzinstrumenten.

Die Tätigkeit der Handelsplattform muss hierzu in der *bewussten und finalen Erzielung der Abschlussbereitschaft eines konkreten Geschäfts* durch Weiterleitung der Willenserklärungen von Anlegern liegen.[117] Die Handelsplattform wird dabei als *Bote* für den Dienstleistungsnehmer aktiv.[118] Bietet der Betreiber einer Plattform allerdings nur Kontaktmöglichkeiten für Anbieter und Nachfrager, ohne dabei ein konkrete Transaktion zu benennen, liegt keine Anlagevermittlung vor. Eine Plattform, die beispielsweise nur die öffentlichen Schlüssel von Kauf- oder Tauschinteressenten eines Kryptowertes für jedermann veröffentlicht, ist grundsätzlich nicht als Anlagevermittler zu qualifizieren. Sie kann nicht beeinflussen, wer auf die Informationen zugreift und welches konkrete Geschäft im Einzelnen durch den Abruf der öffentlichen Schlüssel abgewickelt wird, sodass das Tatbestandsmerkmal des Einwirkens nicht erfüllt sein dürfte.

Ist für den Zugriff auf die öffentlichen Schlüssel hingegen eine Registrierung der Transaktionsinteressenten notwendig, kann das Geschäft nur unter Beteiligung des Dienstleisters durchgeführt werden, sodass eine Anlagevermittlung anzunehmen ist.[119] Die konkrete Transaktionsabwicklung liegt dennoch im Aufgabenbereich der Transaktionsparteien, da die Plattform lediglich zur Herbeiführung der Abschlussbereitschaft hinzugezogen wird.

In dieser Form werden regelmäßig dezentral strukturierte Handelsplattformen tätig, sodass sie grundsätzlich als Anlagevermittler nach § 1 Abs. 1a S. 2 Nr. 1 KWG einzustufen sind.[120] So subsumiert auch die

---

[117] BaFin, 2017.
[118] Maume, 2020, § 12 Rn. 73.
[119] Patz, BKR 2019, 435 (440).
[120] Maume, 2020, § 12 Rn. 71.

BaFin das Anbieten „regional gegliederter entgeltlicher Verzeichnisse von Personen oder Unternehmen, die VC [Virtual Currencies] zum Kauf oder Verkauf anbieten"[121], unter den Tatbestand der Anlage- und der Abschlussvermittlung.

Die Abschlussvermittlung nach § 1 Abs. 1a S. 2 Nr. 2 KWG (und auch die Finanzportfolioverwaltung nach § 1 Abs. 1a S. 2 Nr. 3 KWG) kommt in Betracht, wenn die Handelsplattform, statt als Bote, in *offener Stellvertretung* für den Anbieter oder Nachfrager eines Kryptowertes auftritt.[122] Abschlussvermittlung ist die *Anschaffung und die Veräußerung von Finanzinstrumenten im fremden Namen für fremde Rechnung*. Zwar gibt ein Abschlussvermittler eine Willenserklärung im Namen des Dienstleistungsnehmers ab. Diese stellt dennoch eine eigene Willenserklärung des Dienstleisters dar.[123] Da die Plattform mit Vertretungsmacht für den Nutzer handelt, steht ihr als Abschlussvermittler hinsichtlich der Abgabe des Angebots beziehungsweise der Annahme ein Ermessensspielraum zu.[124]

Anders als bei Betreiben eines MTF kann der Dienstleister beeinflussen, zwischen welchen Parteien es zu einem Vertragsabschluss kommt.[125] Eine Abschlussvermittlung nach § 1 Abs. 1a S. 2 Nr. 2 KWG kommt daher nur für zentral strukturierte Handelsplattformen in Betracht, die als zwischengeschaltete Instanz die Vertragsverhandlungen im Sinne des Dienstleistungsnehmers übernimmt.

Da sich aus den Voraussetzungen der weiteren möglichen Erlaubnistatbeständen für Kryptotoken, die als Finanzinstrument einzustufen sind, namentlich der Finanzportfolio- und Anlageverwaltung, der Anlageberatung sowie des Platzierungsgeschäfts, keine Besonderheiten ergeben und sie daher ebenso anzuwenden sind wie für klassische Finanzinstrumente,[126] werden diese im Folgenden nicht weiter ausgeführt.

---

[121] BaFin, 2020b.
[122] BaFin, 2017.
[123] BaFin, 2014a.
[124] BaFin, 2014a; Maume, 2020, § 12 Rn. 75.
[125] Patz, BKR 2019, 435 (440).
[126] BaFin, 2019b, S. 11.

Anbieter von Tumbler-Diensten

Die Einordnung von Token als Finanzinstrument hat für Anbieter von Tumbler-Diensten keine aufsichtsrechtliche Relevanz. Ihre Dienstleistung lässt sich nicht unter den Katalog der erlaubnispflichtigen Bankgeschäfte oder Finanzdienstleistungen nach § 1 Abs. 1 S. 2 und Abs. 1a S. 2 KWG subsumieren. Zudem kommt eine Erlaubnispflicht nach dem ZAG oder dem KAGB naturgemäß nicht in Betracht. Dies hat zur Folge, dass Anbieter von Tumbler-Diensten nicht in den Verpflichtetenkreis des GwG fallen. Die 5. GW-RL sah keine Erweiterung des Verpflichtetenkatalogs vor, sodass die deutschen Regelungen den europäischen Vorgaben entsprechen.

> **Ihr Transfer in die Praxis**
>
> Personen, die in Kryptowerte investieren möchten, sollten sich u. a. folgende Fragen stellen:
> - In welche Art von Kryptowerten möchte ich investieren?
> - Fühle ich mich durch die aufsichtsrechtlichen Maßnahmen ausreichend geschützt, um eine Investition zu tätigen?
> - Welchen Grad der Unterstützung eines Dritten benötige ich bei der Kauf-/Verkaufsabwicklung von Kryptotoken?
> - Möchte ich zur Verwahrung meiner Kryptowerte/Token/Schlüssel Dienste Dritter in Anspruch nehmen?
>
> Personen, die ein Unternehmen im Zusammenhang mit Kryptowerten gründen möchten, sollten sich u. a. folgende Fragen stellen:
> - Welche wertpapierrechtlichen Pflichten treffen mich als Emittent von Kryptowerten? Erfülle ich beispielsweise die Prospektpflicht?
> - In welcher Form möchte ich meine Dienstleistung anbieten?
> - Erfülle ich alle Tatbestände der entsprechenden Finanzdienstleistung?
> - Habe ich alle notwendigen Unterlagen für eine Erlaubnisbeantragung nach § 32 KWG?

Literatur

BaFin (2014a). Hinweise zum Tatbestand der Abschlussvermittlung. https://www.bafin.de/SharedDocs/Veroeffentlichungen/DE/Merkblatt/mb_091204_tatbestand_anlagevermittlung.html. Zugegriffen: 21.03.2021.

BaFin (2014b). Hinweise zum Tatbestand des Einlagengeschäfts. https://www.bafin.de/SharedDocs/Veroeffentlichungen/DE/Merkblatt/mb_140311_tatbestand_einlagengeschaeft.html. Zugegriffen: 21.03.2021.

BaFin (2016). Europäische Aufsicht. Die Einordnung eines Kryptotoken als Finanzinstrument. Zugegriffen: 21.03.2021.

BaFin (2017). Hinweise zum Tatbestand der Anlagevermittlung. https://www.bafin.de/SharedDocs/Veroeffentlichungen/DE/Merkblatt/mb_091204_tatbestand_anlagevermittlung.html. Zugegriffen: 21.03.2021.

BaFin (2018). Aufsichtsrechtliche Einordnung von sog. Initial Coin Offerings (ICOs) zugrunde liegenden Token bzw. Kryptowährungen als Finanzinstrumente im Bereich der Wertpapieraufsicht, GZ: WA 11-QB 4100–2017/0010. Hinweisschreiben. https://www.bafin.de/SharedDocs/Downloads/DE/Merkblatt/WA/dl_hinweisschreiben_einordnung_ICOs.html. Zugegriffen: 21.03.2021.

BaFin (2019a). Bankenaufsicht. https://www.bafin.de/DE/DieBaFin/AufgabenGeschichte/Bankenaufsicht/bankenaufsicht_node.html. Zugegriffen: 21.03.2021.

BaFin (2019b). Zweites Hinweisschreiben zu Prospekt- und Erlaubnispflichten im Zusammenhang mit der Ausgabe sogenannter Krypto-Token, GZ: WA 51-Wp 7100–2019/0011 und IF 1-AZB 1505–2019/0003. https://www.bafin.de/SharedDocs/Downloads/DE/Merkblatt/WA/dl_wa_merkblatt_ICOs.html. Zugegriffen: 21.03.2021.

BaFin (2020a). Hinweise zum Tatbestand des Kryptoverwahrgeschäfts. https://www.bafin.de/SharedDocs/Veroeffentlichungen/DE/Merkblatt/mb_200302_kryptoverwahrgeschaeft.html?nn=13733456. Zugegriffen: 21.03.2021.

BaFin (2020b). Virtuelle Währungen/Virtual Currency (VC). https://www.bafin.de/DE/Aufsicht/FinTech/VirtualCurrency/virtual_currency_artikel.html. Zugegriffen: 21.03.2021.

BaFin (2021). Hinweise zu Finanzinstrumenten nach § 1 Abs. 11 Sätze 1 bis 5 KWG. https://www.bafin.de/SharedDocs/Veroeffentlichungen/DE/Merkblatt/mb_111220_finanzinstrumente.html. Zugegriffen: 21.03.2021.

Behrens, A. & Schadtle, K. (2019). Erlaubnispflichten für Bank- und Finanzdienstleistungen im Zusammenhang mit Kryptowerten nach Umsetzung der Fünften EU-Geldwäscherichtlinie. *WM*, 2099–2104.

EBA (2019). Report with advice fort he European Commission on crypto-assets. https://www.eba.europa.eu/eba-reports-on-crypto-assets. Zugegriffen: 21.03.2021.

ESMA (2019). Advice on initial coin offerings and crypto-assets, ESMA50-157-1391. https://www.esma.europa.eu/document/advice-initial-coin-offerings-and-crypto-assets. Zugegriffen: 21.03.2021.

Fromberger, M., Haffke, L. & Zimmermann, P. (2019). Kryptowerte und Geldwäsche. *BKR*, 377–386.

Fromberger, M. & Zimmermann, P.: § 1 Technische und rechtstatsächliche Grundlagen, in: Maume, P. et al. (Hrsg.) (2020). *Rechtshandbuch Kryptowerte* (1. Aufl.). München: C.H. Beck.

Hakenberg, M.: Kapitalmarktrecht, in: Weber, K. (Hrsg.) (2020). *Creifelds kompakt. Rechtswörterbuch* (3. Ed.). München: C.H. Beck.

Kaulartz, M. & Matzke, R. (2018). Die Tokenisierung des Rechts. *NJW*, 3278–3283.

Kleinert, U. & Mayer, V. (2019). Elektronische Wertpapiere und Krypto-Token. *EuZW*, 857–863.

Kumpan, C.: WpHG § 2 Begriffsbestimmungen, in: Schwark, E. & Zimmer, D. (Hrsg.) (2020). *Kapitalmarktrechts-Kommentar* (5. Aufl.). München: C.H. Beck.

Maute, L.: § 4 Die Rechtsnatur von Kryptowerten, in: Maume, P. et al. (Hrsg.) (2020). *Rechtshandbuch Kryptowerte* (1. Aufl.). München: C.H. Beck.

Maume, P.: § 12 Finanzdienstleistungsaufsichtsrecht, in: Maume, P. et al. (Hrsg.) (2020). *Rechtshandbuch Kryptowerte* (1. Aufl.). München: C.H. Beck.

Möllenkamp, S. & Shmatenko, L.: Teil 13.6 Blockchain und Kryptowährungen, in: Hoeren, T. et al. (Hrsg.) (2020). *Handbuch Multimedia-Recht* (54. Ergänzungslieferung). München: C.H. Beck.

Omlor, S. (2019). Kryptowährungen im Geldrecht. *ZHR* (183), 294–345.

Patz, A. (2019). Handelsplattformen für Kryptowährungen und Kryptoassets. *BKR*, 435–443.

Rennig, C. (2020). KWG goes Krypto. *BKR*, 23–29.

Resas, D., Ulrich, N. & Geest, A. (2020). Kryptoverwahrung nach dem KWG: Der Versuch einer Konturierung des neuen Erlaubnistatbestands. *ZBB/JBB* (1), 22–35.

Schäfer, F.: KWG § 1 Begriffsbestimmungen, in: Boos, K.-H. et al. (Hrsg.) (2016). *KWG – CRR-VO* (5. Aufl.). München: C.H. Beck.

Schwarz van Berk, P.: § 42 Vermögensanlagengesetz, in: Pöllath, R. et al. (Hrsg.) (2018). *Private Equity und Venture Capital Fonds* (1. Aufl.). München: C.H. Beck.

Schwennicke, A.: KWG § 1 Begriffsbestimmungen, in: Schwennicke, A. & Auerbach, D. (Hrsg.) (2021). *Kreditwesengesetz (KWG) mit Zahlungsdiensteaufsichtsgesetz (ZAG) Kommentar* (4. Aufl.). München: C.H. Beck. Zitiert: *Bearbeiter* in KWG mit ZAG Kommentar *Gesetz* § Rn.

Spindler, G. & Bille, M. (2014). Rechtsprobleme von Bitcoins als virtuelle Währung. *WM*, 1357–1369.

Terlau, M.: § 55a Elektronisches Geld, virtuelle Währungen (Bitcoins, Ether Coins), in: Schimansky, H. et al. (Hrsg.) (2017). *Bankrechts-Handbuch* (Bd. I, 5. Aufl.). München: C.H. Beck.

Volhard, P. & Jang, J-H.: KAGB § 1 Begriffsbestimmungen, in: Weitnauer, W. et al. (Hrsg.) (2021). *KAGB Kommentar* (3. Aufl.). München: C.H. Beck.

Weiß, Hagen (2019). Tokenisierung. *BaFinJournal*. https://www.bafin.de/SharedDocs/Veroeffentlichungen/DE/Fachartikel/2019/fa_bj_1904_Tokenisierung.html. Zugegriffen: 21.03.2021.

Weitnauer, W. (2018). Initial Coin Offerings (ICOs): Rechtliche Rahmenbedingungen und regulatorische Grenzen. *BKR*, 231–236.

Zöllner, L. (2020). Kryptowerte vs. Virtuelle Währungen. *BKR*, 117–125.

3
Entwicklungen auf nationaler und europäischer Ebene

> **Was Sie aus diesem Kapitel mitnehmen**
>
> - Das liechtensteinische Gesetz über Token und VT-Dienstleister nimmt bezüglich der Regulierung von Kryptowerten eine Vorreiterrolle ein.
> - Neben aufsichtsrechtlichen Regelungen enthält das TVTG auch zivilrechtliche Bestimmungen.
> - Die Europäische Kommission hat am 25.09.2020 einen Vorschlag für eine Verordnung über Märkte in Kryptowerte veröffentlicht.
> - Dieser enthält vornehmlich aufsichtsrechtliche Vorgaben für Kryptowerte im Finanzmarktrecht. Der Vorschlag besteht dabei aus einem abgestuften System hinsichtlich des Regulierungsgrades.

Neben Deutschland haben auch andere Mitgliedstaaten den Regulierungsbedarf von Kryptowerten erkannt und entsprechende nationale Regelungen getroffen.[1] Besonders hervorzuheben ist hierbei das liechtensteinische Gesetz über Token und VT-Dienstleister („**TVTG**"), wodurch ein wesentlicher Rechtsrahmen für

---

[1] ESMA, 2019, S. 48 f.

Token-bezogene Marktakteure in Liechtenstein geschaffen wurde. Aber auch andere Mitgliedstaaten wie Malta und Frankreich haben bereits 2018 beziehungsweise 2019 einzelne gesetzliche Regelungen zur Regulierung des Kryptomarktes entwickelt und verabschiedet.[2] Auf europäischer Ebene schreitet die Gesetzgebung hingegen schleichender voran. Am 25.09.2020, also erst gut zwei Jahre nach der ersten Token regulierenden Gesetzgebung innerhalb des Europäischen Wirtschaftsraumes („**EWR**"), wurde von der Europäischen Kommission ein Vorschlag für eine Verordnung des Europäischen Parlaments und des Rates über Märkte in Kryptowerte („**MiCAR**") veröffentlicht.[3]

3.1 Das liechtensteinische Gesetz über Token und VT-Dienstleister

Eine Vorreiterrolle in Bezug auf die Regulierung von Kryptowerten nimmt das TVTG ein, welches am 01.01.2020 im Fürstentum Liechtenstein in Kraft getreten ist. Es ist das erste Gesetz im deutschsprachigen Raum, welches einen klaren Rechtsrahmen für Kryptowerte geschaffen hat.

Das Fürstentum Liechtenstein nimmt als Mitglied des EWR am europäischen Binnenmarkt teil.[4] Dies hat zur Folge, dass das Fürstentum die Rechte und Pflichten des Binnenmarkts einhalten muss, auch wenn es kein Mitglied der Europäischen Union ist.[5] Dies schließt gemäß Art. 26 Abs. 2 AEUV insbesondere die vier Marktfreiheiten, also den freien Verkehr von Waren, Personen, Dienstleistungen und Kapital, ein. Da der Finanzdienstleistungsbereich vor allem auf der Dienstleistungs-, Niederlassungs- und Kapitalverkehrsfreiheit basiert, werden Rechtsakte über diesen regelmäßig in das EWR-Abkommen

---

[2] Deuber/Jahromi, MMR 2020, 576 (576).
[3] COM/2020/593 final.
[4] Regierung des Fürstentums Liechtenstein, n/a.
[5] Álvarez Lopez/Rakstelyte, 2020.

übernommen.[6] Sollte es zu einer Regulierung von Kryptowerten auf europäischer Ebene kommen, könnte dies je nach Ausgestaltung der Regulierung das TVTG beeinflussen. Allerdings besteht wiederum die Möglichkeit, dass sich der europäische Gesetzgeber am Vorbild des Fürstentums Liechtenstein orientiert. Aufgrund seiner Vorreiterrolle und möglichen Vorbildfunktion wird das TVTG im Gegensatz zu den französischen und maltesischen Regelungen im Folgenden näher beleuchtet.

3.1.1 Gesetzgeberischer Hintergrund

Die Abkürzung „VT" im Namen des Gesetzes steht gemäß Art. 2 Abs. 1 lit. a) TVTG für „vertrauenswürdige Technologien". Danach sind dies Technologien, durch welche die Integrität von Token, die eindeutige Zuordnung von Token zu VT-Identifikatoren sowie die Verfügung über Token sichergestellt wird. Der liechtensteinische Gesetzgeber wählt damit einen technologieneutralen und abstrakten Begriff, um nicht nur die Blockchain-Technologie zu erfassen und damit der hohen Innovationsgeschwindigkeit der Technologie gerecht zu werden.[7]

Als erstes gesetzliches Ziel nennt Art. 1 Abs. 2 lit. a) TVTG die *Sicherung des Vertrauens in den digitalen Rechtsverkehr*, insbesondere im Finanz- und Wirtschaftssektor sowie den Schutz der Nutzer auf VT-Systemen. Das Ziel der *Innovationsförderung* hat durch die Schaffung optimaler, innovationsfreundlicher und technologieneutraler Rahmenbedingungen für die Erbringung von Dienstleistungen auf VT-Systemen in Art. 1 Abs. 2 lit. b) TVTG in die Gesetzgebung Eingang gefunden.

Es wurde demnach ein Rechtsrahmen geschaffen, der sowohl die Inhaber von Token als auch die Dienstleister, die im Zusammenhang mit Token tätig werden, *vor Missbrauch schützen* soll. Die Regierung des Fürstentums verfolgte dabei einen breiten Regulierungsansatz, da die

---

[6] Parenti, 2020.
[7] BuA-Nr. 2019/54 S. 55 f.

gesetzlichen Rahmenbedingungen nicht nur finanzmarktnahe Dienstleistungen, sondern alle Erscheinungsformen der Token-Ökonomie erfassen.[8] Als Token-Ökonomie werden dabei alle Anwendungen verstanden, die ein Recht oder einen Vermögenswert in einem Token abbilden sowie alle Dienstleistungen, die im Zusammenhang mit diesen Abbildungen getätigt werden.[9] Da das TVTG als Rahmengesetz formuliert ist, können spezialgesetzliche Regelungen höhere Voraussetzungen an bestimmte Token-basierte Anwendung knüpfen.[10] So muss beispielsweise der Anbieter eines Tokens, der als Currency Token konzipiert ist, grundsätzlich die spezielleren Normen der Finanzmarktgesetzgebung beachten.[11] Die Regelungen des TVTG sind dabei als Ergänzung zu sehen.[12]

Die Schaffung von Rechtssicherheit soll allerdings nicht nur dem Verbraucherschutz dienen. Durch einheitliche Rahmenbedingung erhofft sich die liechtensteinische Regierung das Potential der Blockchain-Technologie sowie nachfolgender Generationen voll ausschöpfen zu können und dadurch den *Finanzplatz Liechtenstein zu stärken*.[13] Token-basierte Zahlungen und Geldanlagen werden immer attraktiver, sodass deren rechtliche Ermöglichung und Absicherung zu einer vermehrten Niederlassung von entsprechenden Dienstleistern in Liechtenstein führen kann. Die Regierung des Fürstentums Liechtensteins erwartete deshalb in Zukunft ein breitgefächertes Angebot an Arbeitsplätzen für die Region und verfolgte daher mit der Gesetzgebung auch strategische Ziele.[14]

---

[8] BuA-Nr. 2019/54 S. 6, 46, 54.
[9] BuA-Nr. 2019/54 S. 5 f.
[10] BuA-Nr. 019/54 S. 36.
[11] BuA-Nr. 2019/54 S. 44 f.
[12] BuA-Nr. 2019/54 S. 121.
[13] BuA-Nr. 2019/54 S. 48, 52.
[14] BuA-Nr. 2019/54 S. 52 f.

3.1.2 Aufbau und Inhalt

Neben allgemeinen Bestimmungen (Kap. 1) und einem zivilrechtlichen Teil (Kap. 2), der die zivilrechtliche Qualifikation von Token und deren Übertragung regelt, beinhaltet das Gesetz aufsichtsrechtliche Rahmenbedingungen (Kap. 3), in dem die Rechte und Pflichten von VT-Dienstleistern normiert sind. Den Abschluss des Gesetzes bilden die Übergangs- und Schlussbestimmungen in Kap. 4.

Allgemeine Bestimmungen

Die allgemeinen Bestimmungen enthalten, neben den oben erläuterten Zielen des Gesetzes, in Art. 2 Abs. 1 TVTG einen Katalog von Legaldefinitionen. Dies stellt eine Besonderheit dar, da die dort aufgelisteten Begriffe im deutschsprachigen Raum bis zum Inkrafttreten des TVTG bislang nicht gesetzlich definiert waren. Der liechtensteinische Gesetzgeber hat sich dabei einiger Wortneuschöpfungen bedient, um die Blockchain-spezifischen Begrifflichkeiten technologieneutral zu beschreiben. Der VT-Schlüssel nach Art. 2 Abs. 1 lit. e) TVTG entspricht beispielsweise dem privaten Schlüssel. Der VT-Identifikator gemäß Art. 2 Abs. 1 lit. d) TVTG hingegen steht für den öffentlichen Schlüssel, der als Adresse fungiert. Der Begriff des VT-Dienstleisters wird außerdem in Art. 2 TVTG in den Buchstaben k) bis t) spezifiziert.

Besonderer Bedeutung kommt der Definition des Begriffs „Token" in Art. 2 Abs. 1 lit. c) TVTG zu, da hiermit ein neues eigenständiges Rechtsobjekt eingeführt wurde.[15] Unter einem Token wird demnach eine Information auf einem VT-System verstanden, die bestimmte Rechte repräsentieren kann und einem oder mehreren VT-Identifikatoren zugeordnet wird. Wird ein solcher Token durch einen VT-Dienstleister mit (Wohn-)Sitz im Inland, also in Liechtenstein, erzeugt oder emittiert, ist der Anwendungsbereich gemäß Art. 3 Abs. 2 lit. a) TVTG eröffnet und der Token gilt nach Art. 4 TVTG als

---

[15] BuA-Nr. 2019/54 S. 6, 62.

im Inland befindliches Vermögen. Der Anwendungsbereich des TVTG kann zudem durch Rechtswahl gemäß Art. 3 Abs. 2 b) TVTG eröffnet werden.

Die Schaffung dieser neuen Vermögensobjekte hatte zur Folge, dass deren Rechtsfolge, insbesondere deren Übertragung, rechtlich bestimmt werden musste.[16] Mangels Körperlichkeit stellt ein Token nach der Definition des TVTG zwar keine Sache dar, ähnelt in der Art der Übertragung aber der Übertragung eines physischen Gegenstands, weshalb zunächst die Anwendung der sachenrechtlichen Normen zur Eigentumsübertragung in Betracht gezogen wurden.[17] Um einen tiefen Eingriff in das liechtensteinische Sachenrecht durch Umformulierung großer Teile zu verhindern und dennoch das Sachrecht „funktionaladäquat"[18] zur Anwendung zu bringen, wurden mit Art. 5 TVTG die Begriffe „Verfügungsgewalt" und „Verfügungsberechtigung" eingeführt, die dem sachenrechtlichen Besitz und dem sachenrechtlichen Eigentum nachempfunden sind.[19]

Zivilrechtliche Vorschriften

Eine weitere Besonderheit stellt die Einführung des gesetzlichen Übertragungstatbestands in Art. 6 TVTG und insbesondere dessen Abs. 3 dar. Nach Art. 6 Abs. 1 lit. a) TVTG handelt es sich bei der Übertragung der Verfügungsberechtigung am Token um ein Verfügungsgeschäft. Auch in Liechtenstein ist das Verfügungsgeschäft „das Rechtsgeschäft, durch das ein Recht übertragen, belastet, geändert oder aufgehoben wird"[20]. Allerdings gilt im Gegensatz zum deutschen Sachenrecht grundsätzlich das Kausalitätsprinzip und nicht das Abstraktionsprinzip.[21] Dies würde bei einer unberechtigten Verfügung

---

[16] BuA-Nr. 2019/54 S. 61.
[17] BuA-Nr. 2019/54 S. 62.
[18] BuA-Nr. 2019/54 S. 185.
[19] BuA-Nr. 2019/54 S. 63, 185.
[20] BuA-Nr. 2019/54 S. 68.
[21] Deuber/Jahromi, MMR 2020 576 (580).

über den Token aufgrund der Unveränderlichkeit der Eintragung in einem VT-System zu einem Auseinanderfallen der materiellen und faktischen Rechtslage führen.[22] Konnte sich beispielsweise ein Nichtberechtigter unbefugt Zugang zum Wallet eines Token-Inhabers verschaffen und dadurch den privaten Schlüssel in seine Verfügungsgewalt bringen, löst er durch die Nutzung des privaten Schlüssels für eine Transaktion sowohl ein Verpflichtungs- als auch ein Verfügungsgeschäft aus. Da ihm allerdings die Berechtigung zur Transaktion des Tokens fehlt, ist das Verpflichtungsgeschäft unwirksam. Nach dem Kausalitätsprinzip würde dies dazu führen, dass auch das Verfügungsgeschäft unwirksam ist. Dies lässt sich allerdings aufgrund der Finalität der Transaktion nach Validierung im Netzwerk nicht mehr darstellen. Um diesem Auseinanderfallen der nominellen und tatsächlichen Rechtslage vorzubeugen, wurde durch den Art. 6 Abs. 3 TVTG das Abstraktionsprinzip für die Verfügung über Token eingeführt.[23] Die Rückabwicklung einer unwirksamen Transaktion erfolgt somit nicht nach den sachenrechtlichen Vorgaben (*ex-tunc*), sondern nach den Vorschriften des Bereicherungsrechts (*ex-nunc*).

In den letzten vier Artikeln der zivilrechtlichen Grundlagen wurden die Wirkung der Verfügung, die Legitimations- und Befreiungswirkung, der Erwerb kraft guten Glaubens sowie die Kraftloserklärung von Token gesetzlich geregelt. Da diese keine Besonderheiten aufweisen, wird an dieser Stelle nicht näher auf sie eingegangen.

Aufsichtsrechtliche Rahmenbedingungen

Das dritte Kapitel regelt die *Registrierung und Beaufsichtigung von VT-Dienstleistern* mit (Wohn-)Sitz in Liechtenstein sowie *deren Rechte und Pflichten*, Art. 11 Abs. 1 TVTG. Es stellt den größten Teil des TVTG dar.

---

[22] BuA-Nr. 2019/54 S. 69.
[23] BuA-Nr. 2019/54 S. 69.

Bei den verschiedenen VT-Dienstleister im Sinne des Gesetzes gemäß Art. 2 Abs. 1 lit. k) bis t) TVTG sind vor allem die Token-Emittenten und Token-Erzeuger sowie die VT-Schlüssel-Verwahrer und VT-Token-Verwahrer besonders hervorzuheben. Das liechtensteinische Gesetz unterscheidet bewusst zwischen der Emission, also dem öffentlichen Angebot der Token im eigenen Namen oder im Namen eines Auftraggebers nach Art. 2 Abs. 1 lit. k) TVTG, und der Erzeugung von Token (Art. 2 Abs. 1 lit. l)) TVTG.

Nach Auffassung der liechtensteinischen Regierung kann ein Token jede Art von Rechten repräsentieren.[24] Generiert der Eigentümer einer Sache beispielsweise einen Token, der die Eigentumsrechte an dem physischen Gegenstand darstellt, erzeugt er zwar einen Token, bietet diesen aber nicht automatisch einem breiten Publikum zum Verkauf an. Würde nicht zwischen Erzeugung und Emission unterschieden werden, würde in diesem Beispiel der Erzeuger des Tokens erst bei einem öffentlichen Angebot des Tokens gegenüber einer breiten Masse vom TVTG erfasst werden.

Durch die Unterscheidung von Erzeugung und Emission versuchte die Regierung des Fürstentums Liechtenstein dem breiten Regulierungsansatz gerecht zu werden und das volle Spektrum der Token-Ökonomie zu erfassen.[25] Da vor allem bei einem öffentlichen Angebot von Token aufgrund des großen Personenkreises an Kaufinteressenten und der Anonymität der Marktteilnehmer eine besondere Gefahr des Missbrauchs und der Manipulation besteht, sah der liechtensteinische Gesetzgeber aus Sicht des Käuferschutzes regulatorischen Handlungsbedarf.[26]

Diese Gefahren bestehen nach Auffassung der Regierung des Fürstentums Liechtensteins auch bei der Verwahrung von VT-Schlüsseln und von Token selbst, weshalb die Dienstleister einer solchen Verwahrung ebenfalls durch das TVTG reguliert werden.[27] VT-Schlüssel-Ver-

---

[24] BuA-Nr. 2019/54 S. 78.
[25] BuA-Nr. 2019/54 S. 78.
[26] BuA-Nr. 2019/54 S. 79.
[27] BuA-Nr. 2019/54 S. 76 f.

wahrer im Sinne des Art. 2 Abs. 1 lit. m) TVTG sind beispielsweise Wallet-Anbieter, die die privaten Schlüssel von Token-Inhabern Cloud-basiert auf einem Server speichern.[28] Im Gegensatz dazu hat der VT-Token-Verwahrer die Verfügungsgewalt über den Token selbst inne, wie es bei Kryptobörsen regelmäßig der Fall ist.[29] Da Kryptobörsen zur effizienteren Durchführung von Transaktionen ihrer Kunden meist auch die Verwahrung der privaten Schlüssel anbieten, können sie gleichzeitig den Tatbestand des VT-Schlüssel-Verwahrers als auch des VT-Token-Verwahrers erfüllen.

VT-Dienstleister müssen sich gemäß Art. 12 Abs. 1 TVTG vor der erstmaligen Erbringung der Dienstleistung im *VT-Dienstleisterregister* registrieren lassen. Diese Registrierung ist neben der berufsmäßigen Ausübung an gewisse *Mindestanforderungen* an die VT-Dienstleister, wie zum Beispiel nach Art. 13 Abs. 1 lit. b) und c) TVTG an deren Zuverlässigkeit oder deren fachliche Eignung, geknüpft. Des Weiteren ist für eine Registrierung das Verfügen über das notwendige Mindestkapital nach § 16 TVTG, die Erfüllung organisatorischer Vorgaben, wie die Errichtung einer angemessenen Organisationsstruktur gemäß Art. 13 Abs. 1 lit. f) TVTG oder die Gewährleistung interner Verfahren und Kontrollmechanismen gemäß Art. 13 Abs. 1 lit. g) TVTG, von essentieller Bedeutung.

Der aufsichtsrechtliche Teil des TVTG beinhaltet zudem in Art. 26 TVTG *Aufbewahrungs- und Aufzeichnungspflichten*, nach Art. 28 TVTG *Meldepflichten*, gemäß Artt. 29 ff TVTG *Publikationspflichten* sowie *Anforderungen an die Auslagerung* von Aufgaben nach Art. 27 TVTG. Dieser Aufbau und Inhalt der regulatorischen Vorgaben, die VT-Dienstleister einhalten müssen, erinnert an die Vorschriften der europäischen Finanzmarktgesetzgebung, insbesondere an die aufsichtsrechtlichen Mindestanforderungen an das Risikomanagement. Die Analogie zum Finanzmarktrecht, insbesondere die Anlehnung an die Regulierung von Kontoinformationsdienstleistern, begründet die Regierung des Fürstentums Liechtensteins zum einen damit, dass einige Token

---

[28] BuA-Nr. 2019/54 S. 76.
[29] BuA-Nr. 2019/54 S. 78.

aufgrund ihrer Ausgestaltung als Currency oder Investment Token sowieso schon unter die Finanzmarktaufsicht fallen.[30] Zum anderen ist sie der Auffassung, dass sich das Finanzsystem bzgl. der Anforderungen an die Qualität der Dienstleistung bereits bewährt hat, da die Kunden entsprechendes Vertrauen entgegenbringen.[31]

Besonders hervorzuheben ist allerdings die *Pflicht zur Erstellung und Veröffentlichung von Basisinformationen sowie zur Anzeige der Token-Emission* nach Art. 30 TVTG. Durch diese Verpflichtung erhoffte sich die liechtensteinische Regierung ein besseres Verständnis der Käufer über den Zweck, die Funktionsweise sowie die Chancen und Risiken der angebotenen Token, was wiederum der Rechtssicherheit dient.[32] Bevor ein Käufer in einen Token investiert, hat er demnach die Möglichkeit sich ausreichend zu informieren und abzuschätzen, ob er den Token beziehungsweise den VT-Dienstleister für vertrauenswürdig hält.

Die Art. 29 lit. b) TVTG und Art. 30 lit. c) TVTG verdeutlichen außerdem, dass die Token-Emission zwar grundsätzlich der Finanzmarktaufsicht des Fürstentums Liechtenstein anzuzeigen ist, die Eignung des verwendeten VT-Systems von dieser allerdings nicht überprüft wird. Die technische Überprüfung der Funktionsweise der angebotenen Leistung ist Aufgabe der VT-Dienstleister selbst.[33] Die regulatorischen Vorgaben können demnach als Unterstützung für informierte, eigenverantwortliche Entscheidungen verstanden werden.

Gleichzeitig mit dem TVTG trat das Gesetz über die Abänderung des Sorgfaltspflichtgesetzes in Kraft, welches die Umsetzung der Vorgaben der 5. GW-RL zum Gegenstand hat. Der liechtensteinische Gesetzgeber ging hinsichtlich der Erweiterung des Verpflichtetenkreises allerdings über das umzusetzende Maß hinaus.[34] Nach Art. 3 Abs. 1 lit. r) i. V. m. Art. 2 Abs. 1 lit. l) des Sorgfaltspflichtgesetzes werden gleichwohl

---

[30] BuA-Nr. 2019/54 S. 44 f, 85.
[31] BuA-Nr. 2019/54 S. 47.
[32] BuA-Nr. 2019/54 S. 79 f.
[33] BuA-Nr. 2019/54 S. 84.
[34] BuA-Nr. 2019/54 S. 96.

VT-Wechseldienstleister geldwäscherechtlich reguliert, welche virtuelle Währungen beziehungsweise Zahlungstoken gegen andere virtuelle Währungen beziehungsweise Zahlungstoken tauschen. Die 5. GW-RL sah hingegen nur eine Aufnahme von Dienstleistungsanbieter, die den Umtausch von virtuellen Währungen in Fiatgeld ausführen, vor.

3.2 Der Vorschlag für eine Verordnung über Märkte in Kryptowerte

Auf europäischer Ebene wurde der Anstoß zur Schaffung eines einheitlichen Rechtsrahmens mit der Veröffentlichung des FinTech-Aktionsplans am 08.03.2018 durch die Europäischen Kommission gegeben.[35] Durch diesen wurden die europäischen Aufsichtsbehörden EBA und ESMA beauftragt zu prüfen, inwiefern Kryptowerte bereits von den bestehenden aufsichtsrechtlichen Vorschriften erfasst werden.[36] Basierend auf der Arbeit der ESAs wurde von der Europäischen Kommission eine Strategie für ein digitales Finanzwesen in der EU entwickelt, die unter anderem eine umfassende einheitliche Regulierung von Kryptowerten innerhalb der Union zum Ziel hat.[37] In Begleitung der Strategie wurde deshalb ein Entwurf für eine Verordnung über Märkte in Kryptowerte veröffentlicht.[38] Dieser wird nachstehend erläutert.

3.2.1 Gesetzgeberischer Hintergrund

Sowohl die EBA als auch die ESMA haben im Rahmen ihrer Analysen der Anwendung des bestehenden Rechtsrahmens auf Kryptowerte festgestellt, dass die aufsichtsrechtlichen Bestimmungen, insbesondere

---

[35] COM/2018/0109 final.
[36] COM/2018/0109 final, S. 7.
[37] COM/2020/591 final, S. 11.
[38] COM/2020/593 final, S. 1.

die MiFID II, zum einen nicht alle Formen von Token umfassen und zum anderen die Verwendung der DLT im Finanzdienstleistungsbereich erschweren.[39] Da eines der Ziele der Strategie für ein digitales Finanzwesen in der EU die *Gewährleistung eines technologieneutralen und innovationsfreundlichen Rechtsrahmens* ist, sollen durch die MiCAR die festgestellten Mängel beseitigt und Rechtssicherheit geschaffen werden.[40]

Die nicht durchführbare Einordnung von einigen Token unter die bestehenden Rechtsnormen hat außerdem zur Folge, dass Verbraucher und Anleger nicht ausreichend geschützt werden und somit ein integrer Kryptomarkt nicht gewährleistet werden kann.[41] Durch die Einführung der MiCAR erhofft sich die Europäischen Kommission deshalb ein „angemessenes Maß an Verbraucher- und Anlegerschutz sowie an Marktintegrität"[42] zu erreichen.

Ein weiteres Ziel der MiCAR ist die *Gewährleistung der Finanzstabilität*. Zwar geht derzeit nach Auffassung der nationalen und europäischen Aufsichtsbehörden noch kein erhebliches Risiko von Kryptowerten für die Stabilität des Finanzsystems aus.[43] Durch das vermehrte Aufkommen von Stablecoins kann sich dies allerdings unversehens ändern.[44]

Stablecoins sind Token, die ähnlich einem Derivat mit einem anderen Wert, meist einer Fiat-Währung, verknüpft sind und dadurch die Entwicklung dieses Wertes widerspiegeln.[45]

Sie werden mit Elementen zur Wertstabilisierung ausgestattet, sodass sie grundsätzlich weniger volatil sind und somit als Zahlungsmittel verwendet werden können.[46] Gleichwohl zur Zeit nur privat-

---

[39] EBA, 2019, S. 29; ESMA, 2019, S. 37.
[40] COM/2020/593 final, S. 2 f.
[41] EBA, 2019, S. 29; ESMA, 2019, S. 1.
[42] ErwG 3 des COM/2020/593 final.
[43] EBA, 2019, S. 29; ESMA, 2019, S. 39.
[44] ErwG 4 des COM/2020/593 final.
[45] Houben/Snyers, 2020, S. 34 f.
[46] ErwG 9 des COM/2020/593 final.

wirtschaftliche Versionen von Stablecoins existieren, sind durchaus auch staatliche Kryptowährungen in Form von Stablecoins, die den Wert der nationalen Währung abbilden, denkbar.[47] Die Wertstabilität dürfte Stablecoins für eine breite Masse an Anlegern attraktiver machen als volatilere Token, sodass deren Ausbreitung zur Systemrelevanz führen kann.[48]

Des Weiteren beurteilen die Aufsichtsbehörden einzelne nationale Gesetzgebungen unabhängig von der Europäischen Union aufgrund der möglichen Fragmentierung des Marktes als kritisch.[49] Die Union erachtet deshalb den Rechtsakt einer Verordnung in Form einer *vollständigen Harmonisierung* als bewährtes Mittel, um die genannten Ziele zu erreichen.[50] Als spezifischere Ziele werden im Rahmen des Vorschlags zusätzlich die *Erweiterung der Finanzierungsmöglichkeiten* in Form von Initial Coin Offerings und Security Token Offerings sowie die *Minderung des Missbrauchsrisikos von Kryptowerten für illegale Zwecke* genannt.[51]

3.2.2 Aufbau und Inhalt

Der Vorschlag der MiCAR ist in neun Titel mit insgesamt 126 Artikeln gegliedert. An Titel I, der sich mit dem Gegenstand, dem Anwendungsbereich und Begriffsbestimmungen befasst, schließen sich spezifische Vorschriften für die Emission von wertreferenzierten Token (Titel III), von E-Geld-Token (Titel IV) und von anderen Kryptowerten als wertreferenzierte Token und E-Geld-Token (Titel II) an. Titel V enthält Regelungen zur Zulassung und Bedingungen für die Ausübung der Tätigkeit eines Anbieters von Krypto-Dienstleistungen, wohingegen in Titel VI Regelungen zur Verhinderung von Marktmissbrauch im

---

[47] Auffenberg, BKR 2019, 341 (344).
[48] COM/2020/593 final, S. 3.
[49] EBA, 2019, S. 17; ESMA, 2019, S. 40.
[50] COM/2020/593 final, S. 7, 9.
[51] COM/2020/593 final, S. 7, 160.

Zusammenhang mit Kryptowerten formuliert wurden. Titel VII legt die Befugnisse und Aufgaben der zuständigen Aufsichtsbehörden sowie verwaltungsrechtliche Maßnahmen und Sanktionen fest. Titel VII eröffnet die Möglichkeit zum Erlass delegierter Rechtsakte und Durchführungsakte, bevor Titel IX mit den Übergangs- und Schlussbestimmungen den Vorschlag der MiCAR abschließt. Aufgrund der Fülle an Artikeln wird der Schwerpunkt des folgenden Abschnitts auf die bedeutendsten Normen gelegt.

Gegenstand, Anwendungsbereich und Begriffsbestimmungen

Der Gegenstand der MiCAR wird in Art. 1 MiCAR wiedergegeben. Neben der *Zulassung von Kryptowerten zum Handel* soll die MiCAR vor allem die *Beaufsichtigung und Zulassung von Emittenten und Krypto-Dienstleistern* regeln. Der europäische Vorschlag enthält sowohl Transparenz- und Offenlegungspflichten als auch Verbraucherschutzvorschriften und Maßnahmen zur Verhinderung von Marktmissbrauch. Diese Vorgaben sollen sich nach Art. 2 Abs. 1 MiCAR an alle Personen, die in der Union Kyptowerte ausgeben oder Dienstleistungen im Zusammenhang mit Kyptowerten ausgeben, richten. Vom sachlichen Anwendungsbereich sollen dabei nach Art. 2 Abs. 2 MiCAR Finanzinstrumente oder strukturierte Einlagen im Sinne der MiFID II, E-Geld im Sinne der Richtlinie 2009/110/EG, sofern es keine E-Geld-Token im Sinne der MiCAR darstellt, Einlagen im Sinne der Richtlinie 2014/49/EU sowie Verbriefungen im Sinne der Verordnung (EU) 2017/2402 ausgenommen werden. Reine Investment Token, die naturgemäß als Finanzinstrument im Sinne der MiFID II qualifizieren, würden demnach nicht vom Anwendungsbereich der MiCAR erfasst werden.

Nennenswert erscheint in diesem Zusammenhang die *Unterscheidung von E-Geld und E-Geld-Token*. E-Geld-Token im Sinne der MiCAR sind nach Art. 3 Abs. 1 Nr. 4 MiCAR Kryptowerte, deren Hauptzweck darin besteht, als Tauschmittel zu dienen, und bei denen eine Nominalgeldwährung, die gesetzliches Zahlungsmittel ist, als Bezugsgrundlage verwendet wird, um Wertstabilität zu erreichen.

Entscheidendes Abgrenzungsmerkmal zum klassischen E-Geld soll hierbei der Forderungsanspruch gegenüber dem Emittenten sein, das E-Geld jederzeit zum Nennwert der Nominalwährung umzutauschen.[52] E-Geld-Token im Sinne der MiCAR sind demnach nicht mit einem Rücknahme- beziehungsweise Rücktauschrecht ausgestattet. Sie sind dennoch nicht mit der Kategorie der Currency Token gleichzusetzen.

Die MiCAR nimmt schließlich eine von der bisher allgemein anerkannten Einteilung abweichende Kategorisierung von Token vor und schafft hierzu zwei weitere Token-Klassen. Sie *unterschiedet zwischen wertreferenzierten Token* im Sinne von Art. 3 Abs. 1 Nr. 3 MiCAR, *E-Geld-Token* im Sinne von Art. 3 Abs. 1 Nr. 4 MiCAR *und Utility Token* im Sinne von Art. 3 Abs. 1 Nr. 5 MiCAR. Die Definition des Art. 3 Abs. 1 Nr. 5 MiCAR steht dabei mit dem allgemeinen Verständnis von Utility Token im Einklang. Im Gegensatz zum deutschen Regulierungsansatz umfasst die Begriffsbestimmung der MiCAR daher alle Utility Token, folglich auch solche, die keinem Anlagezweck dienen und nur gegenüber dem Emittenten eine wirtschaftliche Funktion entfalten.

Wertreferenzierte Token sind nach Art. 3 Abs. 1 Nr. 3 MiCAR Kryptowerte, bei denen verschiedene Nominalgeldwährungen, die gesetzliches Zahlungsmittel sind, oder eine oder mehrere Waren oder ein oder mehrere Kryptowerte oder eine Kombination solcher Werte als Bezugsgrundlage verwendet werden, um Wertstabilität zu erreichen. Zusammen mit der Kategorie E-Geld-Token bilden sie die oben beschriebenen Stablecoins.[53]

Einheitliches Kriterium der verschiedenen Token ist der Oberbegriff des Kryptowerts, der nach Art. 3 Abs. 1 Nr. 2 MiCAR definiert wird als digitale Darstellung von Werten oder Rechten, die unter Verwendung der DLT oder einer ähnlichen Technologie elektronisch übertragen und gespeichert werden kann. Diese sowie die Begriffsbestimmung des Art. 3 Abs. 1 Nr. MiCAR zur DLT sollen weit verstanden werden,

---

[52] ErwG 10 des COM/2020/593 final.
[53] COM/2020/593 final, S. 12.

sodass alle Kryptowerte, die bislang nicht unter die regulatorischen Vorgaben subsumiert werden konnten, zukünftig erfasst würden.[54]

Die Ausnahmen des persönlichen Anwendungsbereichs sind in Art. 2 Abs. 3 bis 6 MiCAR normiert. Hierbei sticht insbesondere Art. 2 Abs. 3 lit. d) MiCAR ins Auge.[55] Demnach werden Krypto-Dienstleistungen, die von *Unternehmen innerhalb einer Gruppe* erbracht werden, nicht durch die MiCAR reguliert. Verwahrt ein Tochterunternehmen beispielsweise alle privaten Schlüssel der Gruppe ist der Anwendungsbereich der MiCAR nicht eröffnet. Besteht das Geschäft eines gruppenzugehörigen Unternehmens ebenfalls in der Kryptoverwahrung, allerdings für gruppenexterne Unternehmen und Personen, und verwahrt das erste Tochterunternehmen wiederum auch die privaten Schlüssel, der Kunden des anderen Tochterunternehmens, dürfte die Ausnahme des Art. 2 Abs. 3 lit. d) MiCAR nicht greifen. Weitere Ausnahmeregelungen bezüglich bereits regulierter Unternehmen finden sich in Art. 2 Abs. 4 bis 6 MiCAR.

Die wichtigsten Begriffsbestimmungen wurden in Art. 3 MiCAR aufgenommen. Zentraler Bestandteil sind die Definitionen des Art. 3 Abs. 1 MiCAR von Emittenten von Kryptowerten und von öffentlichen Angeboten sowie des Katalogs von Krypto-Dienstleistungen. Die verschiedenen Ausprägungen von Handelsplattformen werden dabei in einzelnen Tatbeständen erfasst und gesetzlich bestimmt. Die Differenzierung zwischen Emittenten und Dienstleistern ist hinsichtlich der daraus erwachsenden Anforderungen und Pflichten essentiell wichtig.

Beaufsichtigung von Emittenten von Kryptowerten

Emittenten von Kryptowerten sind nach Art. 3 Abs. 1 Nr. 6 MiCAR *juristische Personen*, die Kryptowerte jeglicher Art *öffentlich anbieten* oder die *Zulassung* solcher Kryptowerte auf einer Handelsplattform für

---

[54] ErwG 8 des COM/2020/593 final.
[55] Siadat, RdF 2021, 12 (13).

Kryptowerte *beantragen*. Unter einem öffentlichen Angebot wird dabei im Sinne des Art. 3 Abs. 1 Nr. 7 MiCAR ein Angebot an Dritte, einen Kryptowert im Tausch gegen Nominalgeldwährung oder gegen andere Kryptowerte zu erwerben, verstanden. Voraussetzung für öffentliche Angebote beziehungsweise die Zulassung zum Handel von Kryptowerten sind nach Art. 4 Abs. 1 MiCAR die Unternehmensform einer juristischen Person, die Erstellung, Notifizierung und Veröffentlichung eines Krypto-Whitepapers sowie die Einhaltung der Anforderungen des Art. 13 MiCAR. Emittenten von wertreferenzierten Token und E-Geld-Token müssen gemäß Art. 15 und Art. 43 MiCAR weitere Zulassungsvoraussetzungen erfüllen. Hinsichtlich der Erstellung, der Notifizierung der Veröffentlichung des Krypto-Whitepapers sieht Art. 4 Abs. 2 MiCAR zur Gewährleistung des Verhältnismäßigkeitsansatzes für bestimmte Emissionen Erleichterungen vor.[56]

Das *Krypto-Whitepaper* ist der zentrale Anknüpfungspunkt für die weiteren Rechtsnormen der MiCAR. Sowohl die in der MiCAR enthaltenen Pflichten für Emittenten und zivilrechtlichen Haftungsregelungen der Artt. 14, 22 und 47 MiCAR als auch die Befugnisse der Aufsichtsbehörden hinsichtlich der Untersagung oder des Entzugs der Zulassung bauen auf dessen Inhalt auf. Hier lassen sich durchaus Parallelen zu den wertpapierrechtlichen Prospektpflichten erkennen.[57] Denn das Whitepaper muss nach Art. 5 MiCAR sowohl den Emittenten und sein Projekt als auch spezifische Merkmale, Risiken und technische Funktionsweisen der Kryptowerte erläutern. Begründet wird die Einführung eines solchen Informationsdokuments mit dem Schutz der Verbraucher.[58]

Neben dem Inhalt und der Form des Krypto-Whitepapers wurden in Art. 6 MiCAR Regelungen zu Marketing-Mitteilungen aufgenommen, die ein öffentliches Angebot beziehungsweise eine Zulassung zum Handel begleiten. In diesem Zusammenhang sieht der europäische Gesetzgeber bezüglich wertreferenzierter Token und E-Geld-Token

---

[56] ErwG 15 des COM/2020/593 final.
[57] So auch Siadat, RdF 2021, 12 (17).
[58] ErwG 14 des COM/2020/593 final.

ebenfalls spezifischere Anforderungen in Artt. 17, 25, 46, 48 MiCAR vor.

Die Notifizierung und Veröffentlichung der Unterlagen erfolgt nach denselben Vorgaben, die ebenfalls in der MiCAR aufgenommen wurden. Im Gegensatz zu Whitepapern von wertreferenzierten Token wird nach Artt. 7 Abs. 1, 46 Abs. 9 MiCAR für die Emission von Kryptowerten, die weder wertreferenzierte Token noch E-Geld-Token sind, und von E-Geld-Token, keine vorherige Genehmigung des Whitepapers durch die Aufsichtsbehörde benötigt. Zwar gibt der Wortlaut des Art. 7 Abs. 1 MiCAR nur vor, dass eine „vorherige" Genehmigung entbehrlich ist, woraus geschlossen werden könnte, dass eine nachträgliche Billigung durch die Aufsichtsbehörde notwendig ist. Die Verwendung des Begriffs der Notifizierung lässt allerdings darauf schließen, dass ein nachträgliches Genehmigungsverfahren vom Gesetzgeber nicht beabsichtigt ist und lediglich eine förmliche Anzeige gegenüber der zuständigen Aufsichtsbehörde ausreicht.[59] Krypto-Whitepaper von wertreferenzierten Token müssen hingegen das in Artt. 15 ff MiCAR beschriebene Genehmigungsverfahren durchlaufen.

Eine weitere Voraussetzung für das öffentliche Angebot beziehungsweise die Zulassung zum Handel von Kryptowerten, die weder wertreferenzierte Token noch E-Geld-Token sind, ist die Einhaltung der Pflichten nach Art. 13 MiCAR. Diese sind mit unbestimmten Begriffen wie „ehrlicher, fairer und professioneller Handel" oder „fairer, eindeutiger und nicht irreführender Kommunikation" sehr allgemein gehalten. Neben der Art und Weise des Handels und der Kommunikation enthält Art. 13 MiCAR eine Offenlegungspflicht zu Interessenkonflikten und die Pflicht, alle Inhaber von Kryptowerten grundsätzlich im besten Interesse gleich zu behandeln.

In Bezug auf die Ausgabe wertreferenzierter Token erweitert der europäische Gesetzgeber die Pflichten der Emittenten um Meldepflichten gegenüber den Inhabern der Token und den zuständigen Aufsichtsbehörden gemäß Artt. 26, 29 MiCAR, die Pflicht zur Einrichtung

---

[59] Siadat, RdF 2021, 12 (18).

eines Beschwerdeverfahrens nach Art. 27 MiCAR, Regelungen zur Unternehmensführung im Sinne von Art. 30 MiCAR, Eigenmittelanforderungen gemäß Art. 31 MiCAR und die Pflicht zum Halten einer Vermögenswertreserve nach Artt. 32 MiCAR ff. Letztere soll zur Gewährleistung der Wertstabilität der Token und als Grundlage für die Berechnung der Eigenkapitalanforderungen dienen.[60] Für die Ausgabe von signifikanten wertreferenzierten Token und signifikanten E-Geld-Token sehen Art. 41 und Art. 52 MiCAR spezielle Pflichten vor.

Ein weiteres nennenswertes Merkmal der MiCAR stellen die *Erleichterungen* nach Art. 10 MiCAR *hinsichtlich grenzüberschreitender Emissionen* von Kryptowerten innerhalb der EU dar, welche beispielsweise mit dem Europäischen Pass für Kreditinstitute oder für E-Geld- und Zahlungsinstitute verglichen werden können. Sofern ein Unternehmen bereits in einem Mitgliedstaat des EWR zum Kryptomarkt zugelassen würde, müsste es für die Durchführung ihrer Tätigkeit in einem anderen Mitgliedstaat keine weitere Zulassung beantragen. Zudem ist zu erwähnen, dass für Emittenten wertreferenzierter Token spezielle Regelungen zu deren Übernahme (Titel III, Kap. 4) und zu deren Abwicklung (Titel III Kapitel 6) aufgenommen wurden.

Beaufsichtigung von Krypto-Dienstleistern

Der Katalog der Krypto-Dienstleistungen in Art. 3 Abs. 1 Nr. 9 MiCAR ist weit gefasst, sodass die Marktakteure durchaus mehrere Tatbestände erfüllen können. Kryptowechselstellen, die sowohl klassische Fiat-Währungen gegen Kryptotoken und umgekehrt tauschen als auch Kryptotoken eines Kryptowerts gegen Kryptotoken eines anderen Kryptowerts, erbringen eine Krypto-Dienstleistung im Sinne des Art. 3 Abs. 1 Nr. 9 lit. c) sowie lit. d) MiCAR. Ihre Tätigkeit dürfte je nach Ausgestaltung zudem als Betreiben einer Handelsplattform nach Art. 3 Abs. 1 Nr. 9 lit. b) MiCAR, als Ausführung von Aufträgen über Kryptowerte für Dritte nach Art. 3 Abs. 1 Nr. 9 lit. e) MiCAR oder

---

[60] ErwG 36 und 37 des COM/2020/593 final.

als Annahme und Übermittlung von Aufträgen über Kryptowerte für Dritte nach Art. 3 Abs. 1 Nr. 9 lit. g) MiCAR qualifizieren.

Nach Art. 53 Abs. 1 MiCAR dürfen solche Krypto-Dienstleistungen nur von *juristischen Personen* erbracht werden, die ihren *Sitz in einem Mitgliedstaat* haben und als Anbieter von Krypto-Dienstleistungen *zugelassen* wurden. Der Antrag auf Zulassung muss alle in Art. 54 MiCAR aufgelisteten Angaben enthalten und bei der zuständigen Aufsichtsbehörde zur Prüfung nach Art. 55 MiCAR eingereicht werden. Sofern das Ergebnis der Prüfung positiv ist, wird der Krypto-Dienstleister gemäß Art. 57 Abs. 1 MiCAR von der ESMA in ein *öffentliches Verzeichnis* eingetragen. Durch Art. 58 MiCAR würde das *Passporting-Regime* ebenfalls auf Krypto-Dienstleister erweitert werden.

Neben den allgemeinen Wohlverhaltenspflichten (Art. 59 MiCAR), die sich mit den Vorgaben für Emittenten von Kryptowerten decken, stellen Art. 60 MiCAR aufsichtsrechtliche Sicherungsvorkehrungen in Form eines festen Betrages und Art. 61 MiCAR organisatorische Anforderungen an Krypto-Dienstleister auf. Letztere umfassen Vorgaben, wie sie bereits aus dem bestehenden europäischen Bankenaufsichtsrecht bekannt sind, beispielsweise Regelungen zur *Zuverlässigkeit* und *fachlichen Eignung* der Leitungsorgane oder zu *internen Kontrollmechanismen*.

Krypto-Dienstleister sollen außerdem nach Art. 62 MiCAR zur laufenden Unterrichtung der zuständigen Behörden und nach Art. 63 MiCAR zur sicheren Aufbewahrung der Kryptowerte und Geldbeträge ihrer Kunden verpflichtet werden. Wie Emittenten von wertreferenzierten Token haben Krypto-Dienstleister gemäß Art. 64 MiCAR ein Beschwerdeverfahren einzurichten. Zudem trifft die MiCAR in Art. 66 MiCAR Regelungen zur Auslagerung.

Kap. 3 des Titel IV statuiert zudem für jede einzelne Krypto-Dienstleistung *spezifische Pflichten*. Der europäische Gesetzgeber begründet dies damit, dass sich aus den unterschiedlichen Tätigkeiten naturgemäß spezifische Risiken ergeben, die einer konkreten Behandlung bedürfen.[61] Verwahrer von Kryptowerten müssten beispielsweise nach Art. 67 Abs. 3 MiCAR eine Verwahrstrategie erarbeiten, die die

---

[61] ErwG 59 des COM/2020/593 final.

sichere Aufbewahrung der Kryptowerte gewährleistet. Eine solche Verwahrstrategie wäre für Berater zu Kryptowerten im Sinne des Art. 73 MiCAR irrelevant, da ihre originäre Tätigkeit in der Regel keine Verwahrung vorsieht.

Zuletzt sollen mit Kap. 4 des Titel IV ebenfalls spezielle Regelungen bezüglich der Übernahme eines Anbieters von Krypto-Dienstleistungen eingeführt werden.

> **Ihr Transfer in die Praxis**
>
> Personen, die in Kryptowerte investieren möchten, sollten sich u. a. folgende Fragen stellen:
> - Möchte ich einen in Liechtenstein erzeugten oder emittierten Token erwerben?
> - Wenn ja, ist der Dienstleister im VT-Dienstleisterregister registriert?
> - Möchte ich mit meiner Investition in Kryptowerte bis zur endgültigen Verabschiedung der MiCAR warten?
>
> Personen, die ein Unternehmen im Zusammenhang mit Kryptowerten gründen möchten, sollten sich u. a. folgende Fragen stellen:
> - Sind die liechtensteinischen Rahmenbedingungen günstiger für meine Unternehmung als die bestehenden deutschen Regelungen?
> - Welchen Einfluss hätte die Verabschiedung der MiCAR für mein Unternehmen?
> - Wie kann ich mich auf die möglichen neuen Anforderungen vorbereiten?

Literatur

Álvarez Lopez, M. & Rakstelyte, A. (2020). Der Europäische Wirtschaftsraum (EWR), die Schweiz und der Norden. Europäisches Parlament. https://www.europarl.europa.eu/factsheets/de/sheet/169/der-europaische-wirtschaftsraum-ewr-die-schweiz-und-der-norden. Zugegriffen: 21.03.2021.

Auffenberg, L. (2019). E-Geld auf Blockchain-Basis. *BKR*, 341–345.

Deuber, D. & Jahromi, H. (2020). Liechtensteiner Blockchain-Gesetzgebung: Vorbild für Deutschland? Lösungsansatz für eine zivilrechtliche Behandlung von Token. *MMR*, 576–581.

EBA (2019). Report with advice for the European Commission on crypto-assets. https://www.eba.europa.eu/eba-reports-on-crypto-assets. Zugegriffen: 21.03.2021.

ESMA (2019). Advice on initial coin offerings and crypto-assets, ESMA50–157–1391. https://www.esma.europa.eu/document/advice-initial-coin-offerings-and-crypto-assets. Zugegriffen: 21.03.2021.

Houben, R. & Snyers, A. (2020). Crypto-assets – key developments, regulatory concerns and responses. Study for the Committee on Economic and Monetary Affairs, Policy Department for Economic, Scientific and Quality of Life Policies. European Parliament. https://www.europarl.europa.eu/RegData/etudes/STUD/2020/648779/IPOL_STU(2020)648779_EN.pdf. Zugegriffen: 21.03.2021.

Parenti, R. (2020). Finanzdienstleistungspolitik. https://www.europarl.europa.eu/factsheets/de/sheet/83/finanzdienstleistungspolitik. Zugegriffen: 21.03.2021.

Regierung des Fürstentums Liechtenstein (n/a). Liechtensteins Teilnahme am EWR. https://www.regierung.li/ministerien/ministerium-fuer-aeusseres/diplomatische-vertretungen/deutsch/bruessel-b/aktuelles/europäischerwirtschaftsraum/. Zugegriffen: 21.03.2021.

Siadat, A. (2021). Markets in Crypto Assets Regulation – erster Einblick mit Schwerpunktsetzung auf Finanzinstrumente. *RdF*, 12–19.

4
Gegenüberstellung und kritische Würdigung der regulatorischen Ansätze

Was Sie aus diesem Kapitel mitnehmen

- Jeder der regulatorischen Ansätze hat Vor- und Nachteile.
- Zwar überschneiden sich die Ansätze in einigen Punkten; durch eine Verabschiedung der MiCAR wird die Regulierung von Kryptowerten im EWR schließlich vollumfänglich vereinheitlicht.
- Die Ansätze unterscheiden sich im Anwendungsbereich, in der Methodik der Regulierung, in der Technologieneutralität und in der Art der gewählten Regulierungsinstrumente.
- Bei der Regulierung von Kryptowerten wurden bislang einige Punkte vernachlässigt, die bei zukünftigen Gesetzesänderungen berücksichtigt werden (sollten).

Sowohl die nationalen Bestrebungen Deutschlands und Liechtensteins als auch der europäische Vorschlag hinsichtlich der Regulierung von Kryptowerten beruhen auf Beobachtungen des Kryptomarktes, Analysen der Chancen und Risiken sowie Konsultationen von betroffenen Marktakteuren. Aufgrund des steigenden Marktinteresses an Kryptowerten steht vor allem der Verbraucher- und Anlegerschutz sowie die Schaffung von Rechtssicherheit im Fokus der Gesetzgeber.

Die liechtensteinische Regierung hat mit dem TVTG dabei den umfangreichsten Rechtsrahmen für Token geschaffen, da das Gesetz neben den aufsichtsrechtlichen Vorschriften auch Vorgaben zur zivilrechtlichen Behandlung von Token macht. Sowohl die Änderung des KWG als auch der Vorschlag der MiCAR regeln außer der zivilrechtlichen Haftung aus einem fehlerhaften Prospekt beziehungsweise Krypto-Whitepaper ausschließlich aufsichtsrechtliche Sachverhalte. Die zivilrechtliche Rechtsnatur von Token wird derzeit, nicht nur in Deutschland, zivilrechtlich divers beurteilt.[1] Gerade in Bezug auf unrechtmäßige oder fehlerhafte Eigentumsübertragungen von Token wären einheitliche Regelungen innerhalb des EWR wünschenswert.

4.1 Anwendungsbereich

Die verschiedenen Ansätze unterscheiden sich ferner hinsichtlich ihres Anwendungsbereiches. Das TVTG findet grundsätzlich auf alle Token Anwendung, wohingegen in Deutschland bislang lediglich Kryptowerte, die Finanzinstrumente darstellen, reguliert werden. Hierbei ist insbesondere die unterschiedliche Behandlung von Utility Token zu beachten.

4.1.1 Utility Token

Im Gegensatz zum deutschen Regulierungsansatz erfassen die MiCAR und das TVTG alle Formen von Utility Token, unabhängig davon, ob diese Anlagezwecken dienen oder nicht. Der deutsche Gesetzgeber hat Utility Token, die keinem Anlagezweck dienen, bei der Änderung des KWG im Zuge der Umsetzung der 5. GW-RL explizit ausgenommen. Emittenten solcher Token werden demnach nicht von der Instituts-

---

[1] Kaulartz/Matzke, NJW 2018, 3278 (3280 ff); Maute, 2020, § 4; Omlor, ZHR 183 (2019), 294 (306 ff); Möllenkamp/Shmatenko, 2020, Teil 13.6, Rn. 29 ff.

aufsicht erfasst. Der Handel mit diesen auf Sekundärmärkten wird in Deutschland allerdings bereits beaufsichtigt.

Aller Voraussicht nach liegt der Ausnahme des deutschen Gesetzgebers die Erwägung zu Grunde, dass reine Utility Token ihre wirtschaftliche Funktion nur gegenüber dem Emittenten entfalten und sie somit nicht als Finanz- oder Zahlungsinstrument qualifizieren. Zwar sind Teile der Literatur der Auffassung der deutsche Ansatz sei deshalb vorzugswürdig.[2] Eine detaillierte Betrachtung erscheint dennoch sinnvoll.

Ob ein Utility Token zu Anlagezwecken dienen kann, ist von dessen Marktabfrage und des Bestehens eines Lock-Ups abhängig. Sofern der Emittenten bei Initialisierung des Kryptowerts einen Lock-Up einbaut, können die zugehörigen Token keinem anderen öffentlichen Schlüssel zugeordnet werden und sind somit vom Handel am Sekundärmarkt mangels Übertragungsmöglichkeit ausgeschlossen. Fehlt ein solcher Lock-Up, entscheidet der Markt, ob der Dienstleistung oder dem Produkt, die dem Utility Token zugrunde liegt, ein höherer Wert beigemessen wird. Die Zusprechung eines Wertes kann dabei grundsätzlich auch erst nach der Emission erfolgen, sodass der Emittent unbeabsichtigt einen Utility Token mit Anlagezweck ausgeben könnte. Die Unsicherheit für Emittenten, wann eine investorenähnliche Erwartungshaltung hervorgerufen wird, kann mit Blick auf den Anlegerschutz eine allumfassende Verpflichtung zur Zulassung und Beaufsichtigung im Sinne der MiCAR und des TVTG deshalb durchaus rechtfertigen.

4.1.2 Investment Token

Vom Anwendungsbereich der MiCAR hingegen sind insbesondere Investment Token ausgenommen. In diesem Zusammenhang sollen nach Art. 2 Abs. 6 MiCAR außerdem Unternehmen, die bereits nach der MiFID II zugelassen sind und Krypto-Dienstleistungen erbringen,

---

[2] Siadat, RdF 2021, 12 (15).

begünstigt werden. Sie sollen von dem in Titel V, Kap. 1 MiCAR beschriebenen Zulassungsverfahren ausgenommen werden.

Derartigen Krypto-Dienstleistern würde es dennoch obliegen die weiteren allgemeinen Pflichten der Artt. 59 ff MiCAR und die jeweiligen spezifischeren Anforderungen der Artt. 67 ff MiCAR zu erfüllen. Im Gegensatz zu dem deutschen Ansatz, der einheitliche Regelungen für Krypto-Dienstleister vorsieht, würde das Inkrafttreten der MiCAR zu einer komplexeren Aufsichtspraxis für Krypto-Dienstleister, die bereits nach der MiFID II zugelassen sind, führen. Zwar müssten sie nicht mehrfach ein Zulassungsverfahren durchlaufen. Allerdings müssten sie jederzeit die Vorgaben mehrere Rechtsakte beachten, was besonders für kleinere Unternehmen organisatorischen Aufwand bedeuten würde. Der Marktzutritt für kleinere Unternehmen wäre damit erschwert.

Hinzu kommt, dass den Mitgliedstaaten des EWR bei der Umsetzung der europäischen Vorgaben der MiFID II, aufgrund der Form des Rechtsaktes der Richtlinie, Spielraum ermöglicht wurde. Unterschiedliche Regelungen für Wertpapierunternehmen in den Mitgliedstaaten könnten zu Wettbewerbsnachteilen von Krypto-Dienstleistern und auch von entsprechenden Emittenten führen.

Unterschiedliche Rechtsvorschriften für verschiedene Kryptowerte setzen zudem voraus, dass die Token des Kryptowertes eindeutig einer Token-Kategorie zugeordnet werden können. Häufig existieren allerdings hybride Formen. Bei diesen müsste im Einzelfall geprüft werden, worin der Schwerpunkt liegt. Dies setzt zum einen geschultes Personal bei den Aufsichtsbehörden voraus, das die komplexen Gestaltungen verstehen und rechtlich einordnen kann. Zum anderen müsste gewährleistet werden, dass jede Aufsichtsbehörde bei der Identifizierung des Schwerpunkts der Token die gleichen Kriterien und Verfahren anwendet, um Wettbewerbsnachteile zu vermeiden. Es ist durchaus denkbar, dass verschiedene Mitarbeiter einer Aufsichtsbehörde zu unterschiedlichen Einstufungen kommen.

Durch die Aufnahme von Investment Token in den Anwendungsbereich der MiCAR und die umgekehrte Einführung eines Ausnahmetatbestands für Krypto-Dienstleister in der MiFID II könnte ein einheitlicher, weniger komplexer Rechtsrahmen geschaffen werden. Die Form des Rechtsakts der Verordnung hätte zur Folge, dass die MiCAR bei Inkrafttreten automatisch und in einheitlicher Weise in allen Mitgliedstaaten des EWR verbindlich und unmittelbar gilt. Sie müsste demnach nicht in nationales Recht umgesetzt werden und verdrängt einzelstaatliche Regelungen wie den deutschen und den liechtensteinischen Ansatz. Da ein Passporting-Regime vorgesehen ist, würde dies zu einem fairen Wettbewerb auf dem EU-weiten Kryptomarkt führen.

4.1.3 Tokenisierung anderer Rechte

Im Zusammenhang mit den verschiedenen Anwendungsbereichen sei weiterhin angemerkt, dass das TVTG sowie die MiCAR aufgrund des weiten Begriffsverständnisses des Token beziehungsweise des Kryptowertes tokenisierte Rechte an Vermögensgegenständen aller Art umfasst. In der Praxis werden bereits Eigentumsrechte an beweglichen Gegenständen, wie Gold oder Öl, sowie an Grundstücken in Form von Token digital abgebildet.[3] Zudem werden mittlerweile auch Immaterialgüter, wie Rechte an Musikwerken, tokenisiert.

So hat beispielsweise der deutsche Musiker Fynn Kliemann erst kürzlich 100 Jingles erstellt, die Rechte daran in Token digital abgebildet und diese anschließend in Form einer Auktion versteigert.[4] Hätte er die Token in Liechtenstein öffentlich angeboten, hätte er die Vorgaben des TVTG einhalten müssen. Es ist durchaus davon auszugehen, dass der Wert der Jingles sich in Zukunft positiv oder negativ verändern wird, weshalb den Käufern der Token eine investorenähnliche Erwartungshaltung unterstellt werden kann. Nach der Definition des KWG würden diese Token also durchaus als aufsichtsrechtlich relevante Kryptowerte und damit als Finanzinstrumente qualifizieren. Da die Token allerdings ohne Rücknahmerecht ausgegeben wurden,

---

[3] Kaulartz/Matzke, NJW 2018, 3278 (3279); Maute, 2020, § 6 Rn. 208, 211.
[4] Kliemann, 2021.

untersteht der Künstler dennoch nicht der Institutsaufsicht. Dieses Beispiel zeigt, dass Vermögensgegenstände, die grundsätzlich keine Finanzinstrumente darstellen, durch eine Tokenisierung dennoch als solche nach deutschem Recht einzustufen sind und damit unter Umständen eine Finanzaufsicht nach sich ziehen können. Dies ist mit Blick auf die Regelungsziele des KWG durchaus kritisch zu sehen.

Der europäische Gesetzgeber beabsichtigt hingegen mit Art. 4 Abs. 2 lit. c) MiCAR, Emittenten solch einmaliger Kryptowerte geringeren Anforderungen zu unterwerfen. Sofern die MiCAR in dieser Form in Kraft tritt, müssten Emittenten einmaliger Kryptowerte lediglich die Pflichten des Art. 13 MiCAR einhalten, d. h. vor allem ehrlich, fair und professionell handeln, mit den Inhabern der Kryptowerte fair, klar und wahrheitsgetreu kommunizieren sowie Interessenkonflikte ermitteln, verhindern, regeln und offenlegen.

Im Vergleich zu einer Erlaubnispflicht, die der liechtensteinische und der deutsche Ansatz vorsehen, ist der europäische Weg verhältnismäßiger. Käufer von Token, die Rechte an einzigartigen Vermögensgegenstände wie Kunstwerken oder Grundstücken repräsentieren, werden somit angemessen geschützt, ohne dass die Emittenten der Token zu strengen aufsichtsrechtlichen Vorgaben unterliegen. Da eine Überregulierung zu einer Lähmung der Innovation führen dürfte, was dem Ziel ihrer Förderung widerspräche, ist der europäische Ansatz in diesem Fall vorzugswürdig.

4.2 Methodik der Regulierung

Des Weiteren differieren die Ansätze in der Art und Weise der Regulierung. Zwar sehen alle drei Ansätze vor, Kryptowerte, die bereits unter die bestehende Finanzmarktregulierung fallen, deren strengeren Anforderungen zu unterwerfen. So müssen Emittenten von Investment Token in Deutschland beispielsweise aufgrund der Qualifizierung als Finanzinstrument im Sinne des WpHG im Gegensatz zu Emittenten von Currency Token und Utility Token die zusätzlichen Vorgaben der Wertpapieraufsicht erfüllen. Die MiCAR sieht im Gegensatz zum TVTG und dem KWG allerdings weitere Abstufungen im

Regulierungsgrad vor. Sie unterscheidet zwischen wertreferenzierten Token, E-Geld-Token und Kryptowerten, die keine der beiden vorgenannten Arten sind.

Stablecoins unterfallen zwar gleichwohl dem TVTG und je nach Ausgestaltung auch dem KWG. Spezielle Regeln bietet allerdings allein die MiCAR. Im Grunde sieht die MiCAR spezifische Offenlegungspflichten für Emittenten sowie eine Pflicht zum Vorhalten einer Reserve zur Unterlegung von wertreferenzierten Token vor. Fraglich ist, inwiefern eine gesonderte Regulierung derartiger Token-Arten notwendig ist. Die Europäische Kommission begründet ihr Vorhaben damit, dass wertreferenzierte Token aufgrund der versprochenen Wertstabilität in Zukunft stärker nachgefragt werden als andere Kryptowerte und diese daher risikoreicher bezüglich des Verbraucherschutzes und der Finanzmarktstabilität zu beurteilen sind.[5]

In der Regel versuchen Emittenten die Wertstabilität des Stablecoins durch das Vorhalten dessen Gegenwerts zu gewährleisten.[6] Eine gesetzliche Pflicht hierzu besteht bislang allerdings nicht. Emittenten von Stablecoins steht es bis dato zudem frei, die Stablecoins mit oder ohne Rückzahlungsanspruch auszustatten.[7] Sofern der Emittent die Stablecoins mit einem Rückzahlungsversprechen ausgibt und die weiteren Voraussetzungen des § 1 Abs. 1 S. 2 Nr. 1 KWG erfüllt, wäre die Investition der Anleger im Falle eines Kontrahentenausfalls zumindest im Wege der Einlagensicherung geschützt. Da das Halten des Gegenwerts der ausgegebenen Stablecoins bislang nicht überwacht wird, könnten die Initiatoren von Stablecoins dies zu ihrem Vorteil nutzen.

Die speziellen Regelungen der MiCAR würden eine Pflicht zum Halten einer Vermögenswertreserve sowie Vorgaben zu deren Verwahrung und Anlage vorsehen. Der Wert des Stablecoins würde damit gesichert werden, sodass selbst bei fehlendem Rückzahlungsanspruch gegen den Emittenten die Werthaltigkeit der Investition bei Ver-

---

[5] ErwG 25 des COM/2020/593 final.
[6] DBB, 2019, S. 44.
[7] DBB, 2019, S. 44.

kauf des Tokens gewährleistet ist. Die bestehenden Regelungslücken würden damit geschlossen werden. Eine gesonderte Regulierung von Stablecoins und die von der Europäischen Kommission vorgeschlagenen Maßnahmen diesbezüglich sind mit Blick auf den Verbraucherschutz demnach sinnvoll.

4.3 Technologieneutralität

Bei weiterer Betrachtung der Zielsetzungen und deren entsprechender Umsetzung lassen sich ebenfalls Unterschiede in der Technologieneutralität der Formulierung erkennen. Das liechtensteinische Gesetz ist dabei am technologieneutralsten formuliert. Es wurde gänzlich auf die Verwendung von konkreten Begriffen wie der DLT oder Kryptographie verzichtet, da diese lediglich technische Ausprägungen darstellen.[8] Das TVTG bezieht sich auf vertrauenswürdige Technologien und auch der Begriff des Token wird abstrakt und nicht im technologischen Sinne verstanden. Im Gegensatz zu dem deutschen und dem europäischen Ansatz wird durch die neutrale Ausdrucksweise ein Schritt halten mit der Innovationsgeschwindigkeit von Technologie sichergestellt.

Es ist durchaus denkbar, dass in Zukunft digitale Abbildungen existieren werden, die nicht auf kryptographischen Schlüsselpaaren oder digitalen Registern basieren. Sofern diese neuen Technologien nicht mit der DLT oder Kryptographie vergleichbar sind, werden sie nicht vom KWG oder der MiCAR umfasst, sodass erneut Regelungen getroffen werden müssten.

Allerdings erscheint es mit Blick auf die Verhältnismäßigkeit dennoch sinnvoll, die Entwicklung neuer Technologien abzuwarten bevor deren Produkte einer Aufsicht unterworfen werden. Es sollte stets geprüft werden, ob konkrete Risiken bestehen, die einer Beaufsichtigung bedürfen. Diese sind von der Ausgestaltung der Technologie abhängig, welche de facto noch nicht absehbar ist. Ohne greifbare Anhaltspunkte

---

[8] BuA-Nr. 2019/54 S. 13.

kann kein sicherer, abschließender und vor allem verhältnismäßiger Rechtsrahmen geschaffen werden. Das Vorgehen der deutschen und europäischen Gesetzgeber ist insofern vertretbar.

4.4 Gewählte Regulierungsinstrumente

Hinsichtlich der Regulierungsinstrumente entschieden sich alle drei Gesetzgeber grundsätzlich für die gleichen Maßnahmen. Zum einen soll die Emission von Kryptowerten durch die Veröffentlichung von einem entsprechenden Informationsdokument überwacht werden. Zum anderen sollen Dienstleister, die im Zusammenhang mit Kryptowerten tätig werden, durch ein Zulassungsverfahren in der Gründung und durch eine laufende Überwachung der Aufsichtsbehörden beaufsichtigt werden.

4.4.1 Standardisiertes Informationsdokument

In Bezug auf die Emissionen von Kryptowerten sehen alle drei Gesetzgeber zur Gewährleistung des Verbraucher- und Anlegerschutzes das Erfordernis eines gesetzlich standardisierten Informationsdokumentes vor. Die unterschiedliche Bezeichnung des Dokuments kann dahinstehen, da sich die wesentlichen Inhalte einander gleichen.

Solche Informationsdokumente wurden bereits für andere Finanzinstrumente wie Wertpapiere oder Investmentanteile in Form von Prospekten oder Basisinformationen im EWR eingeführt. Der deutsche Ansatz sieht bislang allerdings nur eine Prospektpflicht für die Emission von Investment Token vor. So erachtet die BaFin für die die Ausgabe von Security Token bereits Anfang 2019 einen solchen Wertpapierprospekt nach dem WpPG für erforderlich.[9] Sowohl das TVTG als auch die MiCAR in Verbindung mit der MiFID II statuieren ein entsprechendes Informationsdokument für alle Token-Kategorien.

---

[9] Weiß, BaFinJournal 2019, S. 10.

Es erscheint aufgrund der spezifischen Risiken von Kryptowerten, den teils sehr komplexen technischen Funktionsweisen und des steigenden Marktinteresses folgerichtig ein verpflichtendes Informationsdokument für alle Token-Kategorien gesetzlich vorzuschreiben. Durch die EU-weite gesetzliche Regelung von Wertpapierprospekten konnte beispielsweise nach der Finanzmarktkrise erneut das Vertrauen der Anleger in die Wertpapiermärkte zurückgewonnen werden. Insofern kann angenommen werden, dass die Einführung von Krypto-Whitepapern beziehungsweise Basisinformationen für alle Token-Kategorien ähnliche Auswirkungen zur Folge haben wird. Durch entsprechende Ausnahmetatbestände kann zudem vermieden werden, dass Emissionen von geringerem Umfang, die keine Gefahr für die Finanzstabilität darstellen, überreguliert werden.

4.4.2 Zulassungsverfahren

Die Anforderungen an die Zulassung von Krypto-Dienstleistern decken sich grundsätzlich bei allen besprochenen regulatorischen Ansätzen. Die bewährten organisatorischen Anforderungen, wie z. B. an die Zuverlässigkeit und fachliche Eignung von Geschäftsleitern, die internen Kontrollmechanismen oder die Aufzeichnungs- und Aufbewahrungspflichten, finden sich beispielsweise in allen Rechtsakten. Spezifische Pflichten für die verschiedenen Gruppen von Krypto-Dienstleistern enthält allerdings nur die MiCAR.

Ohne auf die einzelnen Inhalte der Anforderungen einzugehen, erscheint das Vorgehen des europäischen Gesetzgebers sinnvoll. Kryptowerte stellen neue andersartige Instrumente aus der digitalen Welt dar, die nun in das analog geprägte Rechtssystem eindringen. Die Tätigkeiten der Krypto-Dienstleister lassen sich zwar regelmäßig unter die bestehenden Erlaubnispflichten subsumieren. Der technische Hintergrund und die vielfältigen Ausgestaltungsmöglichkeiten von Kryptowerten sowie die daraus resultierende komplexe Funktionsweise der Dienstleistungen selbst erfordern dennoch zusätzliche Schutzmechanismen für Anleger.

So sieht beispielsweise Art. 67 Abs. 8 MiCAR vor, dass Krypto-Verwahrer gegenüber ihren Kunden für die infolge von Funktionsstörungen oder Hacking entstandenen Verluste bis zum Marktwert der verloren gegangenen Kryptowerte haften. Solch konkrete Angaben zur Haftung bezüglich Hackerangriffe enthalten weder der deutsche noch der liechtensteinische Ansatz.

Speziell zugeschnittene Pflichten für einzelne Gruppen sind mit Blick auf die Verhältnismäßigkeit zudem zweckmäßig, da sie lediglich von den relevanten Dienstleistern einzuhalten sind.

4.4.3 Öffentliches Verzeichnis

Hinsichtlich der Obliegenheiten für Krypto-Dienstleister sehen das TVTG sowie die MiCAR im Gegensatz zum deutschen Ansatz eine Registrierungspflicht in einem von den Aufsichtsbehörden öffentlich geführten Verzeichnis vor. Fraglich ist, ob ein solches Verzeichnis überhaupt notwendig ist. Die Inanspruchnahme von Krypto-Dienstleistungen erfolgt naturgemäß digital über das Internet. Dabei ist die Seriosität der Anbieter nicht immer erkennbar, weshalb Maßnahmen zum Schutze der Verbraucher notwendig sind.

Durch öffentlich einsehbare Verzeichnisse auf den Webseiten der nationalen Aufsichtsbehörden, wie von dem TVTG vorgesehen, können sich Interessenten vor Inanspruchnahme einer Dienstleistung über den Anbieter informieren und eine fundiertere Entscheidung treffen. Bislang dürften Krypto-Investoren unter Hinzuziehung von Online-Rezensionen und Erfahrungsberichten, welche bekanntermaßen in gewissem Umfang gefälscht sind, die Wahl eines Anbieters treffen. Ein staatlich geführtes Register mit den wesentlichen Informationen über alle national zugelassenen Dienstleister kann der Beeinflussung durch manipulierte Rezensionen entgegenwirken. Da bei der Suche nach Dienstleistungen über Suchmaschinen in der Regel nicht nur nationale Anbieter angezeigt werden, ist allerdings ein Verzeichnis auf europäischer Ebene praxisgerechter und mit Blick auf den Verbraucherschutz erstrebenswerter als das von Liechtenstein vorgesehene nationale Register. Das Verzeichnis nach Art. 57 MiCAR soll auf der Website der

ESMA veröffentlicht werden und alle Anbieter von Krypto-Dienstleistungen innerhalb des EWR umfassen. Somit ist der europäische Ansatz in diesem Punkt vorzugswürdiger.

4.5 Vernachlässigte Aspekte

Ruft man sich noch einmal die in Abschn. 1.5.2 beschriebenen Risiken in Erinnerung, wird nach vorstehender Analyse deutlich das nicht alle potentiellen negativen Auswirkungen beachtet wurden.

4.5.1 Endogene Manipulation des Netzwerks

Zwar enthält beispielsweise die MiCAR Regelungen zu Eingriffen von Dritten außerhalb des Blockchain-Netzwerks. Die Manipulationsmöglichkeiten durch Teilnehmer des Netzwerkes selbst wurden dennoch nicht in die regulatorischen Überlegungen einbezogen. Von Bedeutung ist dabei die Möglichkeit der Zentralisation der Kontrolle eines Netzwerks aufgrund der benötigten Rechenleistung. Gerade der Mining-Vorgang lässt sich durch die Ausübung der Kontrolle des Konsensmechanismus leicht manipulieren. Hinzu kommt, dass eine solche Beeinflussung schwer zu identifizieren ist.[10] Die Steuerungsmöglichkeit des Konsensmechanismus befähigt die Machthaber außerdem dazu für sie vorteilhafte Blöcke zu begünstigen. Womöglich befürchten die Gesetzgeber durch eine Regulierung des Netzwerkes selbst eine Hemmung der Innovation, welche sie zu fördern gedenken. Da die Knoten der Netzwerke, wie das Beispiel des Bitcoins zeigt, über Jurisdiktionen der ganzen Welt verteilt sind, könnte sich eine Überwachung zudem schwierig gestalten.[11] Aus Sicht des Verbraucherschutzes ist eine Konzentration der Kontrolle dennoch bedenklich, sodass das Risiko eines Investitionsverlustes aufgrund einer Bedrohung

---

[10] Rückert, 2020, § 20 Rn. 26.
[11] Waidmann, 2021.

aus dem Netzwerk selbst heraus bei der Regulierung von Kryptowerten beachtet werden sollte.

4.5.2 Anonymität der Netzwerkteilnehmer

Ein weiteres Risiko, welches nicht ausreichend bedacht wurde, ist die Anonymität der Netzwerkteilnehmer. Durch die Überwachung der Emissionen von Kryptowerten wird zwar sichergestellt, dass eine Initiierung durch Pseudonyme wie Satoshi Nakamoto nicht mehr möglich ist. Die Empfänger der erstausgegebenen Token bleiben dennoch anonym. Die Anonymität der Teilnehmer lädt gerade dazu ein, Kryptowerte für kriminelle Zwecke zu nutzen, was durch die Möglichkeit der Verschleierung der Herkunft der Kryptowerte durch Tumbler zusätzlich verstärkt wird. Der Missbrauch von Kryptowerten hat bei steigender Marktrelevanz das Potential die Finanzstabilität zu gefährden. Eine Aufnahme von Tumbler-Dienstleistern in den geldwäscherechtlichen Verpflichtetenkreis ist deshalb notwendig.

4.5.3 Nachhaltigkeit

Wenngleich es sinnvoll erscheint Innovation zu fördern, wurden die Auswirkungen des technischen Fortschritts auf die ökologische Umwelt nicht berücksichtigt. Umweltschutz mag zwar kein Ziel des Aufsichtsrechts sein. Dieser Punkt soll dennoch die Absichten der Gesetzgeber infrage stellen. Allein das Bitcoin-Netzwerk verbraucht zur Erstellung neuer Token auf ein Jahr gerechnet derzeit (Stand. 22.02.2021) so viel Strom wie die Niederlande und auch für die Erstellung von Ethereum wird eine enorme Menge an elektrischer Energie benötigt.[12] Diese beiden Kryptowährungen bilden dabei nur 72 % des Kryptomarktes.[13] Bislang wird der Verbrauch durch Länder wie beispielsweise Island

---

[12] Spinnler, 2021.
[13] CoinMarketCap, 2021.

abgefangen, das aufgrund der vorhandenen Thermalenergie mehr Strom erzeugt, als das Land selbst benötigt.[14]

Da von einem weiteren Wachstum des Kryptomarktes ausgegangen wird, wird gleichwohl der Energiebedarf steigen. Sollte der Kryptomarkt jemals das Volumen des Aktienmarktes erreichen, was grundsätzlich nicht auszuschließen ist, hätte dies immense Folgen für die Umwelt. Durch entsprechende Regelungen im Aufsichtsrecht könnten Initiatoren von Kryptowerten dazu angehalten werden, Mechanismen zu verwenden, die weniger Rechenleistung benötigen, oder anderweitig zu einem Ausgleich der Umweltbilanz verpflichtet werden.

> **Ihr Transfer in die Praxis**
>
> Personen, die in Kryptowerte investieren möchten, sollten sich u. a. folgende Fragen stellen:
> - Stellt der Emittent ein standardisiertes Informationsdokument bereit und verstehe ich dieses?
> - In welcher Nation hat der Dienstleister, dessen Dienste ich in Anspruch nehmen will, seinen Sitz?
> - Sind die vernachlässigten Aspekte für mich tragbar?
>   Personen, die ein Unternehmen im Zusammenhang mit Kryptowerten gründen möchten, sollten sich u. a. folgende Fragen stellen:
> - Möchte ich meinen Kunden freiwillig ein Informationsdokument, das meinen Kryptowert beschreibt, zur Verfügung stellen?
> - Kann ich eventuell eine breitere Masse an Kunden durch eine Berücksichtigung der vernachlässigten Aspekte gewinnen?

Literatur

CoinMarketCap (2021). Gesamtmarktkapitalisierung, eigene Berechnung anhand der Marktkapitalisierung. https://coinmarketcap.com/charts/. Zugegriffen: 21.03.2021.

DBB (2019). Krypto-Token im Zahlungsverkehr und in der Wertpapierabwicklung. Monatsbericht – Juli 2019. https://www.bundesbank.de/de/publikationen/berichte/monatsberichte/monatsbericht-juli-2019-802234. Zugegriffen: 21.03.2021.

---

[14] Wischmeyer, 2018.

Kaulartz, M. & Matzke, R. (2018). Die Tokenisierung des Rechts. *NJW*, 3278–3283.

Kliemann, F. (2021). NFT. Was zur Hölle is das? Wie geht das? Was hab ich als erster auf der Welt damit gemacht und warum rate ich dir (noch) davon ab. https://oderso.cool/blogs/update/nft-wtf. Zugegriffen: 21.03.2021.

Maute, L.: § 4 Die Rechtsnatur von Kryptowerten, in: Maume, P. et al. (Hrsg.) (2020). *Rechtshandbuch Kryptowerte* (1. Aufl.). München: C.H. Beck.

Maute, L.: § 6 Verträge über Kryptotoken, in: Maume, P. et al. (Hrsg.) (2020). *Rechtshandbuch Kryptowerte* (1. Aufl.). München: C.H. Beck.

Möllenkamp, S. & Shmatenko, L.: Teil 13.6 Blockchain und Kryptowährungen, in: Hoeren, T. et al. (Hrsg.) (2020). *Handbuch Multimedia-Recht* (54. Ergänzungslieferung). München: C.H. Beck.

Omlor, S. (2019). Kryptowährungen im Geldrecht. *ZHR* (183), 294–345.

Rückert, C.: § 20 Phänomenologie, in: Maume, P. et al. (Hrsg.) (2020). *Rechtshandbuch Kryptowerte* (1. Aufl.). München: C.H. Beck.

Siadat, A. (2021). Markets in Crypto Assets Regulation – erster Einblick mit Schwerpunktsetzung auf Finanzinstrumente. *RdF*, 12–19.

Spinnler, T. (2021). Stromfresser Bitcoin. *Tagesschau.de*. https://www.tagesschau.de/wirtschaft/technologie/stromfresser-bitcoin-mining-101.html. Zugegriffen: 21.03.2021.

Waidmann, L. (2021). Die 5 größten Bitcoin Miner: Wer dominiert den Mining-Sektor? *BTC-Echo*. https://www.btc-echo.de/news/die-5-groessten-bitcoin-miner-wer-dominiert-den-mining-sektor-108986/. Zugegriffen: 21.03.2021.

Weiß, Hagen (2019). Tokenisierung. *BaFinJournal*. https://www.bafin.de/SharedDocs/Veroeffentlichungen/DE/Fachartikel/2019/fa_bj_1904_Tokenisierung.html. Zugegriffen: 21.03.2021.

Wischmeyer, N. (2018). In der Inselkälte rattern die Bitcoin-Server. *SZ.de*. https://www.sueddeutsche.de/digital/island-in-der-inselkaelte-rattern-die-bitcoin-server-1.4181656. Zugegriffen: 21.03.2021.

5

Fazit

> **Was Sie aus diesem Kapitel mitnehmen**
>
> - Die Regulierung von Kryptowerten ist in den vergangenen Jahren stark vorangeschritten, allerdings noch nicht abgeschlossen.
> - Eine Vereinheitlichung der aufsichtsrechtlichen Rahmenbedingungen für Kryptowerte ist aufgrund des europäischen Vorstoßes absehbar.
> - Aufgrund des erörterten Optimierungsbedarfs der regulatorischen Ansätze ist mit einer Anpassung der MiCAR zu rechnen bevor diese verabschiedet wird.

Das Ziel dieses Werkes war es, aufbauend auf den einleitend vermittelten Basiskenntnissen, eine Einordnung von Kryptowerten in die bestehende Rechtsordnung des deutschen Aufsichtsrechts vorzunehmen, sowie aktuelle Entwicklungen auf nationaler und europäischer Ebene bei der Beantwortung der Frage einzubeziehen, inwiefern die aufsichtsrechtlichen Vorgaben zur Regulierung von Kryptowerten ausreichen. Zudem sollte das Buch als Leitfaden für Investoren und Gründer dienen.

Zunächst wurden die unterschiedlichen Begrifflichkeiten, die im Zusammenhang mit Kryptowerten verwendet werden, aufgezeigt und näher erläutert. Dabei wurde festgestellt, dass bislang keine allgemeingültige Definition des Begriffs existiert und er generell von dem Begriff „Kryptotoken" zu unterscheiden ist.

Anschließend wurden die Ausgestaltungsmöglichkeiten von Kryptotoken beleuchtet. Die in der Praxis verbreitete Einteilung in drei Hauptkategorien – Currency Token, Investment Token, Utility Token – scheint zum besseren Verständnis auf den ersten Blick sinnvoll. Da aufgrund der vielfältigen Gestaltungsvarianten und dem Grundsatz der „Substance over Form" hinsichtlich der aufsichtsrechtlichen Einordnung allerdings in jedem Fall eine Einzelfallprüfung durchgeführt werden muss, sind derartige Bezeichnungen für die Verwaltungspraxis der Aufsichtsbehörden irrelevant.

Die Anwendung der einschlägigen Gesetze des Finanzaufsichtsrechts sowie der Verwaltungsvorschriften der BaFin hat zum Ergebnis, dass lediglich als Investment Token ausgestaltete Kryptowerte als Finanzinstrument im Sinne des WpHG qualifizieren können. Emittenten und Dienstleister, die entgeltliche Tätigkeiten im Zusammenhang mit Investment Token erbringen, müssen demzufolge die Pflichten des WpHG erfüllen. Emittenten von Investment Token sind zudem nach dem WpPG verpflichtet bei Ausgabe der Token einen entsprechenden Prospekt zu veröffentlichen.

Im Rahmen der Prüfung der nationalen bankaufsichtsrechtlichen Vorschriften konnte festgestellt werden, dass aufgrund der Novellierung des KWG im Zuge der Umsetzung der 5. GW-RL die Mehrheit der bislang bekannten Kryptowerte regulatorisch umfasst wird. Ursächlich hierfür ist die Aufnahme und die gesetzliche Definition des Auffangtatbestands des Kryptowerts in den Katalog der Finanzinstrumente des KWG. Im Zusammenhang mit den Erläuterungen zum Tatbestand des Kryptowertes wurde festgestellt, dass der verwendete Begriff des Anlagezwecks nicht eindeutig ausgelegt werden kann.

Die Qualifizierung als Finanzinstrument im Sinne des KWG zieht das Erfordernis einer Erlaubnis der Tätigkeit im Zusammenhang mit Kryptowerten und die Einhaltung der geldwäscherechtlichen Pflichten nach sich. Die Mehrheit der Tätigkeiten der aufsichtsrechtlich relevanten Marktakteure konnte dabei unter die erlaubnispflichtigen Tatbestände subsumiert werden. Hinsichtlich Tumbler-Dienstleistern wurde dabei eine regulatorische Lücke identifiziert.

Die Gegenüberstellung der regulatorischen Ansätze hat zu verschiedenen Erkenntnissen geführt: Zum einen wurden unterschiedliche Anwendungsbereiche identifiziert. Der liechtensteinische und der europäische Ansatz sind dabei umfangreicher als der deutsche Vorstoß. Durch die Unterscheidung von Kryptowerten mit und ohne Anlagezweck wurde vom deutschen Gesetzgeber ein unbestimmter Begriff geschaffen, der zu Verunsicherung am Markt und zu einer Ausnutzung der Grauzone führen kann. Aus diesem Grund wurde ein allumfassender Rechtsrahmen bevorzugt. In diesem Zusammenhang wurde allerdings kritisch angemerkt, dass Vermögensgegenstände, die grundsätzlich keine Finanzinstrumente darstellen, durch die Tokenisierung von Rechten an diesen, der Finanzaufsicht unterfallen. Deshalb ist eine Regulierung außerhalb der Finanzmarktvorschriften wünschenswert.

Die abstufende Regulierungssystematik der MiCAR wurde im Gegensatz zur Gleichbehandlung aller Token-Kategorien und Krypto-Dienstleister des liechtensteinischen und des deutschen Ansatzes positiv bewertet. Der europäische Ansatz ermöglicht aufgrund der spezifischen Vorschriften eine verhältnismäßigere Regulierung, die mit Blick auf die Innovationsförderung sachdienlicher ist.

Ebenso führte der Vergleich der Technologieneutralität der Vorgaben zu der Erkenntnis, dass im Zuge des Verhältnismäßigkeitsprinzip zum jetzigen Zeitpunkt keine Regulierung bislang unbekannter zukünftiger Technologien erfolgen sollte.

Hinsichtlich der gewählten Regulierungsinstrumente wurden vorwiegend Übereinstimmungen identifiziert. Dabei wurde eine Ausweitung der Pflicht zur Veröffentlichung eines Informationsblattes bei Ausgabe von Kryptowerten auf alle Token-Arten sowie die Einführung eines europaweiten Verzeichnisses aller Krypto-Dienstleister befürwortet.

Abschließend wurden Aspekte aufgeworfen, die von den Gesetzgebern bei den regulatorischen Überlegungen nicht bedacht wurden. Zum einen enthalten die analysierten Ansätze keine Regelungen, die die Verbraucher vor Manipulationen im Netzwerk selbst schützen. Des Weiteren wurde die Regelungslücke in Bezug auf Tumbler-Dienstleister aus geldwäsche- und verbraucherschutzrechtlicher Sicht kritisch erachtet. Zuletzt wurde angeregt, langfristige Auswirkungen einer großzügigen Förderung des Kryptomarktes auf die Umwelt in die aufsichtsrechtlichen Abwägungen einzubeziehen.

Zusammenfassend lässt sich somit in Bezug auf die Forschungsfrage feststellen, dass der bestehende aufsichtsrechtliche Rechtsrahmen Deutschlands zwar den Großteil der derzeit bekannten Kryptowerte erfasst. Durch die Verabschiedung der MiCAR würde die Behandlung der Kryptowerte und der Marktakteure des Kryptomarktes allerdings vereinheitlicht und die Aufsicht damit im gesamten EWR verbessert werden. Trotz der spezifischeren Vorgaben der MiCAR besteht bis zur endgültigen Verabschiedung der Verordnung dennoch Optimierungsbedarf, um den spezifischen Risiken von Kryptowerten gerecht zu werden.

> **Ihr Transfer in die Praxis**
>
> Personen, die in Kryptowerte investieren möchten, sollten sich u. a. folgende Fragen stellen:
> - Fühle ich mich ausreichend informiert, um eine Investition in Kryptowerte zu tätigen?
> - Möchte ich mit meiner Investition bis zur Verabschiedung der MiCAR warten, um die Vorteile des europäischen Binnenmarktes zu genießen?
>
> Personen, die ein Unternehmen im Zusammenhang mit Kryptowerten gründen möchten, sollten sich u. a. folgende Fragen stellen:
> - Ist mir bewusst, welche aufsichtsrechtlichen Pflichten ich erfüllen muss?
> - Möchte ich mein Unternehmen noch vor der Verabschiedung der MiCAR gründen, um eventuelle Wettbewerbsvorteile zu nutzen?
> - Welche Vorteile kann ich aus der Verabschiedung der MiCAR für meine Unternehmung ziehen?

The manufacturer's authorised representative in the EU is Springer Nature Customer Service Centre GmbH, Europaplatz 3, 69115 Heidelberg, Germany. If you have any concerns regarding our products, please contact ProductSafety@springernature.com

Printed and bound by CPI Group (UK) Ltd, Croydon, CR0 4YY
23/03/2026
02076464-0004